William Hope Hodgson
La voz de las profundidades

Jesús Palacios

www.archivosvola.es

ISBN: 978-84-129819-9-5
D. L.: M-8134-2025

Índice

Para Rakel, mi sirena

AGRADECIMIENTOS

A Frank G. Rubio por su amabilidad y paciencia. A la editorial Valdemar, con Rafael Díaz Santander y Juan Luis González a la cabeza; a José María Nebreda, uno de los Grandes Antiguos, con quien jugaba de joven a domar el caballito de madera de Lord Dunsany en los lejanos años ochenta del siglo XX, por su apasionada y esforzada recuperación y divulgación de la obra de Hodgson. A Alfredo Lara, Guardián de la Antigua Opar, y a todos los demás buenos amigos y amigas con los que he desvariado a lo largo de los eones extraños acerca de estos temas, incluyendo a mi hermano Federico. Y por supuesto, a mi padre, Joaquín Palacios, ya fallecido, quien fue el primero en sumergirme en las *Aguas profundas* de Hodgson cuando trajo a casa su libro del mismo título, publicado por la editorial argentina El Cid (Buenos Aires, 1979), comprado, como no podía ser de otra manera, al llorado y prematuramente desaparecido librero, poeta y erudito amante del fantástico Alfonso Álvarez Lorencio, en su caseta de la Cuesta de Moyano. Agradezco especialmente a Valdemar editores habernos cedido amablemente tanto la traducción de "Una voz en la noche", de José María Nebreda, como el permiso para publicar mi propio texto, cuya primera versión apareció acompañando el libro *Los mares grises sueñan con mi muerte. Cuentos completos de terror en el mar* (Madrid, 2014), de William Hope Hodgson, número 82 de la colección Gótica de Valdemar, al cuidado del propio Nebreda, con traducciones de este y Esperanza Castro.

WILLIAM HOPE HODGSON
(Blackmore End, 1877- Ypres, 1918)

William Hope Hodgson
La voz de las profundidades

Jesús Palacios

I

"El carácter líquido de Dionisos es el mar invisible de la vida orgánica que inunda nuestras células y nos une a las plantas y los animales. Nuestros cuerpos son el océano primigenio (...), un océano que se encrespa y se riza."

Camille Paglia, *Sexual Personae.*

Hace años, por motivos profesionales, pasé casi una semana en California, en la playa de Santa Mónica. Me hospedaba en un lujoso y bonito hotel, junto a la línea de playa, y teniendo en cuenta las distancias que separan las distintas zonas de Los Ángeles, pasé prácticamente todo el tiempo en los alrededores de mi alojamiento, visitando los centros comerciales, las calles peatonales próximas y paseando por la playa. A pesar de lo que suele decirse del clima californiano, hacía un tiempo nuboso, con un desconsolado viento que agitaba las palmeras y traía, de cuando en cuando, ráfagas de lluvia, fina y desagradable. Entre vendaval y tormenta, asomaba finalmente el sol del Pacífico, dejando caer sus deliciosos rayos sobre Santa Mónica, con falsas promesas de buen tiempo. El Pueblo de Santa Mónica y su playa se enorgullecen de ser el hogar de nacimiento del "culto al cuerpo" de los años ochenta. Allí nació el *body building* considerado como una de las bellas artes, y allí se rodaron numerosos episodios de *Los vigilantes de la playa*, ese icono erótico de la cultura pop usamericana posmoderna.

A pocos metros de donde se encontraba mi hotel, en el muelle, se veía una de esas ferias típicas de pueblo americano, con su noria gigante, sus caballitos y sus tiendas de curiosidades, *souvenirs*, atracciones y refrescos, toda ella conservada con su encanto original, totalmente *vintage*. Con la diferencia de que esta feria –que a menudo aparece en las postales turísticas y en imágenes de películas tan peculiares y apropiadas como la esotérica *Marea nocturna* (*Night Tide*, 1961) de Curtis Harrington– se interna, siguiendo el trazado del muelle, hasta el propio Océano Pacífico. El tiempo lluvioso y otoñal mantenía alejados tanto a los bañistas como a los niños y sus familias, que hubieran debido animar la playa y la feria, con su bulliciosa presencia y su exhibición de músculos y bañadores imposibles. A cambio, el muelle ofrecía un aspecto francamente fantasmal, con los rótulos de las tiendas balanceados por el viento, la fina lluvia mojando su suelo de madera y las atracciones vacías, pensativas en su aburrida inutilidad. Eran esos los momentos que elegía para pasear por allí, caminando solitario con curiosidad indiferente, hasta llegar al extremo del muelle que se internaba en la mar.

Como si se tratara de la proa de un navío, el suelo de madera, contenido, eso sí, por firmes y elevadas barandillas, se introducía temerariamente varios metros en el Océano, hasta el punto de dar la impresión de que el resto del muelle desaparecía, quedando atrás para siempre. Mirando tanto al frente como a mi izquierda o a mi derecha, no alcanzaba a ver sino la masa gris del Océano, ligeramente encrespada por ráfagas de un viento cansino y húmedo. No había nada delante, ni a los lados, ni, al menos para mi imaginación, detrás. Solo mar, mar y agua. Una infinita superficie acuática, desesperante y ominosa. Sin personalidad. Inmensa. Temible. Sentí una especie de vértigo, similar al que se experimenta no al mirar al suelo desde lo alto, sino al mirar al cielo desde una gran altura y comprender que estamos a punto de ser engullidos por el abismo. Si lo que está abajo es similar a lo que está arriba, como decían los alquimistas y cabalistas del pasado, en ese momento lo único que parecía existir en todo el universo era la Nada. Pero una Nada palpitante, espumosa, hipnótica. Tuve que retroceder, pálido y casi tembloroso, caminando de espaldas, sin poder apartar la mirada de las olas, hasta ver aparecer a izquierda y derecha las tranquilizadoras siluetas de las tiendas y restaurantes del muelle. Solo entonces comprendí que, por primera vez en mucho tiempo, había experimentado el Miedo. Un temor mortal al vacío y la disolución. A la inmersión de mi individualidad en la indiferenciada masa de las olas acuáticas. No hacía falta pensar siquiera en qué cosas, criaturas o seres habitan bajo la superficie del mar. En sí misma, esa superficie, cambiante y al tiempo siempre igual a sí misma, es suficientemente enloquecedora. Eso y que, por cierto, nunca he sabido nadar.

Resulta curioso que Santa Mónica sea el hogar del "culto al físico" moderno. Las hordas de nadadores y deportistas que practican el *aeróbic*, el culturismo, la gimnasia, el *footing*, el *surf* y la natación frente al Pacífico, son como un agridulce desafío a la madre océana. Un patético y sin embargo admirable ejercicio de afirmación apolínea y solipsística, practicado cara a cara con los orígenes del hombre, con su progenitora informe, indiferente y fluida. Mientras los culturistas dibujan las siluetas de sus fibras y músculos, esculpiendo en su propia carne un ideal atlético que se retrotrae a la Antigüedad, las olas se elevan y caen levantando muros de espuma. Cambian, se retuercen, se contraen, estallan, mostrando la inestabilidad fundamental de toda materia. Su naturaleza informe y mercurial. El sonido de su rumor acariciante, tan relajante, es el engañoso canto de una sirena prehistórica, que invita a la disolución y el olvido. Por eso nos gusta dormir sobre la arena de la playa, con el ruido de fondo de las olas, que nos mece como el líquido amniótico prenatal, sugiriéndonos que es mejor dejarse llevar, dormir, tal vez soñar. Tal vez morir. Y licuándonos, deshaciéndonos, volver a nuestra naturaleza líquida original. ¿Sería por eso que William Hope Hodgson, el más prolífico escritor de horrores marinos en la historia de la literatura fantástica, fue también culturista y gimnasta? ¿Para mostrar a esos mares tenebrosos que tan bien conocía que seguía siendo humano, que podía controlar su carne y su mente, sus células y músculos, para escapar, con la magia de la forma, al infierno acuático de la nada y la disolución?

II

"Todo se funde en la naturaleza. (...) La naturaleza florece y se marchita en largas y jadeantes bocanadas, subiendo y bajando en un oleaje oceánico. Una mente que se abriera plenamente a la naturaleza sin prejuicios sentimentales resultaría absorbida por su materialismo brutal y su incansable exceso".

Camille Paglia, *Sexual Personae*.

Algunos admiradores de Hodgson se maravillan al descubrir que alguien que escribiera tanto sobre el mar y la vida marinera, odiara ambas cosas. La respuesta es sencilla: las conoció personalmente. William Hope Hodgson nació el 15 de noviembre de 1877 en Blackmore End, Wethersfield, Finchingfield, Essex, Inglaterra. Era hijo de Lissie Sarah Brown y de Samuel Hodgson, sacerdote anglicano peculiarmente dotado para la oratoria, cuyos constantes roces con la Iglesia de Inglaterra le habían obligado a viajar por toda Gran Bretaña, de parroquia en parroquia.

Cuando contaba solo trece años, William escapó de su casa y de la Margaret´s Boarding School, en Margate, con intención de hacerse marino. De vuelta a casa por las orejas, consiguió finalmente el permiso de su padre para enrolarse como grumete. Durante cuatro años de aprendizaje y otros cuatro como profesional, Hodgson conoció la vida marinera... Y llegó a detestarla en casi todos sus aspectos. En el barco, William, inteligente, sensible y guapo, con un rostro impoluto de rasgos clásicos y regulares, sufrió de inmediato todas las burlas y humillaciones posibles. Es difícil saber si algunas de estas bromas y novatadas tuvieron carácter sexual, pero si el ámbito autoritario y masculino de la marina mercante es mínimamente parecido al del ejército, no sería de extrañar que así fuera. Como un nuevo Billy Budd, Hodgson tuvo la mala suerte de servir bajo un Segundo, en palabras del propio escritor, "...del peor tipo posible. Era brutal y aunque puedo decir sinceramente que nunca le di motivos para ello, me eligió para maltratarme. Hizo mi vida tan miserable que finalmente encontré suficiente coraje para vengarme".

Hodgson golpeó a su Segundo y el Capitán le castigó por insubordinación.

Durante esos años en alta mar, el futuro escritor decidió empezar su obra consigo mismo, con su propio cuerpo. Comenzó a entrenarse duramente en solitario y años después se convertiría en un auténtico pionero y profesional del body building. Como explica Sam Moskowitz en su biografía crítica *William Hope Hodgson*: "..se tomó el levantamiento de pesas y el desarrollo corporal en serio. No se detuvo en el simple ejercicio, sino que profundizó en la interacción de los músculos e hizo del desarrollo corporal una obsesión."

En esta obsesión se adivina el empeño de un joven, excesivamente hermoso y sensible, por endurecerse frente a la brutalidad indiferente de la vida marinera, por conquistarla en sus propios términos. No se trataba, en absoluto, de convertirse en una bestia más de las que navegaban junto a él por mares no menos bestiales, sino de imponer a esa bestialidad humana las riendas de una ciencia del ejercicio físico, de un moldear el cuerpo, netamente científico y racional. Durante sus años marineros, Hodgson complementó su educación física con una afición artística no menos empeñada en imponer cierto grado de orden al caos por el que navegaba, literal y metafóricamente: la fotografía. Especialmente durante la travesía de diez meses a bordo del *Euterpe* –curioso nombre para un navío, el de la musa de la poesía y la música, que representara también antiguamente el principio del placer–, Hodgson, hecho ya todo un marino profesional, pudo utilizar su camarote como cuarto oscuro, tomando numerosas fotografías a lo largo del viaje y convirtiéndose en experto en la materia. Durante el interminable trayecto fotografió tormentas, tiburones... y los gusanos que solían acompañar las comidas de los marineros. Practicó diariamente sus ejercicios musculares, boxeando a menudo con otros miembros de la tripulación. Es decir, hizo todo lo posible para mantener la cordura en mitad del mar, rodeado de compañeros brutalizados por una vida de abusos, aislamiento y disciplina. En palabras de Hodgson, "una vida de perros", que aparecerá reflejada sin una gota de sentimentalismo en relatos como "El encantamiento del Lady Shannon" y novelas como *Los piratas fantasmas*.

Hacia 1899, Hodgson había abandonado felizmente la profesión marinera, abriendo en Blackburn, una pequeña ciudad industrial al norte de Liverpool, la W. H. Hodgson´s School of Physical Culture. Al parecer, la mejor publicidad del local era el propio cuerpo del escritor. Con 22 años, tras ocho en alta mar, Hodgson se había convertido en un impresionante ejemplar de culturista *avant la lettre*, capaz de poner en aprietos al mismísimo Harry Houdini. Cuando este visitó el Blackburn Palace Theatre, en 1902, Hodgson fue elegido para encadenar, esposar y

atar al célebre escapista, mago e investigador de fenómenos psíquicos, y lo hizo con tanta fuerza y habilidad que
Houdini tardó algo más de dos horas en conseguir librarse
de sus ataduras, confesando ensangrentado que nunca
antes había sido tan cruelmente esposado y tratado por
nadie como por el futuro escritor, quien se refugió en la
comisaría de Blackburn, temiendo las represalias de los
fans del escapista.

Durante estos años, Hodgson vivía con su madre y con
aquellos de sus hermanos que todavía no habían abandonado el hogar. La relación con su madre –su padre murió
de cáncer cuando Hodgson todavía era joven– fue siempre
tan íntima y continuada como para sospechar que en los
deseos del adolescente Hodgson de hacerse a la mar sub-

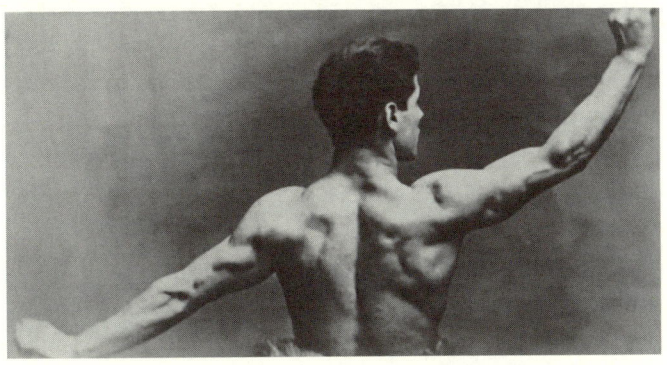

Imagen de Hodgson posando
para uno de sus manuales de educación física

yaciera quizá inconscientemente también el de apartarse de ella. La reafirmación masculina del culto al físico podría ser parte de esta necesidad de construir su virilidad, frente a un exceso de protección materna. ¿Sentía Hodgson complejo por su belleza casi femenina? ¿Se vería demasiado como el "niño de mamá"? Sin ir más lejos, es evidente el paralelismo que suscitan algunos aspectos de su vida íntima con la de Robert Erwin Howard, otro autor de *pulp fiction* fantástica obsesionado por el culturismo y por la figura de su madre, aunque esta vez, sin duda, con tintes de exceso enfermizo, ausentes, por lo que sabemos, en la corta vida de Hodgson. Fuere como fuese, la madre océana que intentó adoptar a cambio de su progenitora le rechazó con dureza, obligándolo a volver al refugio de su madre natural.

Entretanto, Hodgson se había convertido en un feroz lector, que frecuentaba las librerías de segunda mano en busca de ejemplares de sus autores favoritos: Edgar Allan Poe, H. G. Wells, Jules Verne, Bulwer-Lytton, Rudyard Kipling y Arthur Conan Doyle, entre otros. Cuando el gimnasio demostró no estar a la altura de lo esperado económica y profesionalmente (posiblemente eran el lugar y el tiempo equivocados... Quizá en los años ochenta en Santa Mónica, Hodgson habría triunfado en su faceta culturista y jamás habría escrito una línea), William se vio obligado a buscar otros medios de vida. Pronto escribió su primer artículo,

"Physical Culture versus Recreative Exercises", centrado en su especialidad favorita, que fue publicado en febrero de 1903 en el *Sandow´s Magazine*, editado por el forzudo más famoso del momento en Inglaterra, el musculoso Eugene Sandow. A este seguiría, en agosto, un segundo texto titulado "Hints on Physical Culture". Sus artículos sobre cultura y salud física saltaron de las revistas especializadas a las generales, proporcionando a su autor pequeños pero considerables ingresos, que le llevaron a plantearse el convertirse en escritor profesional. Así, se unió a la Society of Authors, Incorporated, entre cuyos miembros se contaban George Meredith y los mismísimos Conan Doyle y Wells, con el último de los cuáles mantendría cierta correspondencia, llegando a conocerle personalmente. Su admiración por el pionero socialista de la ciencia ficción quizá influyera también en las famosas visiones cósmicas del fin del universo que conforman los capítulos más recordados de su novela *La casa en el confín de la Tierra* (1908), y que evocan el no menos apocalíptico final de *La máquina del tiempo* (1895) de Wells.

Animado por su suerte como periodista, Hodgson decide escribir e intentar publicar un primer esfuerzo de ficción fantástica, claramente influido por sus lecturas favoritas: "The Goddess of Death", que aparece en el número de abril de 1904 del *Royal Magazine*, la misma revista que había publicado por entregas *La nube purpúrea* de M. P.

Shiel, en 1900. En Junio de 1905, en el *Grand Magazine*, hermana pequeña del famoso *Strand Magazine* donde aparecieran entre otras muchas obras célebres los relatos de Sherlock Holmes, publica el cuento "Un horror tropical", primera incursión en los terrores marinos que caracterizarán posteriormente lo mejor de su narrativa. La carrera literaria de Hodgson estaba en marcha.

Aunque nunca pudo vivir con desahogo, William Hope Hodgson se las apañó para salir adelante y ayudar a su familia con su trabajo literario. Sus relatos y artículos fueron complementados con frecuentes conferencias sobre el mar, acompañadas por la exhibición de sus excelentes fotografías marítimas, que también encontraron hueco en revistas científicas y náuticas. En abril de 1906, Hodgson vio publicado su relato "Desde el mar sin mareas" en el *Monthly Story Magazine* norteamericano, *pulp* en la línea de *All-Story Magazine* o *Argosy*, que poco después cambiaría su nombre por el más recordado de *Blue Book Magazine*, entrando así nuestro autor en el mercado de la ficción popular estadounidense –en septiembre de 1907, *Blue Book* publicaría su cuento de misterio "El terror del tanque de agua"–. Gracias a ello, Hodgson aumentó ventas, publicando frecuentemente el mismo relato en revistas distintas de Inglaterra y Estados Unidos. En julio de 1907, otro de sus cuentos de horrores marinos, "El misterio del derelicto", le abrió las puertas del magazine *The Story*

Teller, considerado el primer *pulp* británico en sentido estricto.

Convertido ya en asiduo autor de relatos fantásticos, el 16 de agosto de 1907 firma contrato para una primera novela, *Los botes del Glen Carrig*, que ve la luz en octubre de ese mismo año. Una vez más se trata de una historia de horrores marítimos, situada en el siglo XVIII, que se abre con el poema "Madre mía", así, en castellano, que hace las veces de dedicatoria a su madre. Su aceptación crítica es inmediata y le gana elogiosas comparaciones con Wells y Daniel Defoe, aunque por desgracia el éxito de ventas está lejos de ser satisfactorio. En mayo de 1908 se edita su siguiente y más conocida novela fantástica, *La casa en el confín de la Tierra*. Esta angustiosa y visionaria fantasía cósmica, favorita de sus seguidores, se gana nuevamente el favor de los críticos literarios y Lovecraft la considera, en su clásico estudio *El horror sobrenatural en la literatura* (1927), "quizá (...) la obra más destacada de Hodgson". En septiembre de 1909, concluye William la publicación de lo que él mismo veía como una suerte de "trilogía", cuyos títulos "...todos ellos coinciden –explica en su prólogo– en una determinada forma de tratar unos conceptos elementales." *Los piratas fantasmas*, quizá su mejor novela desde el punto de vista narrativo y formal, retorna al tétrico universo marino del autor y nuevamente gozó de poco éxito económico y buenas críticas.

Finalmente, en abril de 1912 aparecerá la más singular y polémica de sus novelas, *La Tierra de la Noche*. Más de quinientas páginas escritas en un arcaizante inglés del siglo XVII, llenas de sentimentalismo victoriano (o eduardiano, si se prefiere) y digresiones mil... Pero también de imaginación visionaria inabarcable, sentido del más puro horror cósmico, aventuras y criaturas monstruosas, una extraña mezcolanza de ciencia ficción, terror, filosofía involucionista, visión apocalíptica y romanticismo. Curiosamente, si la sensibilidad del lector actual se ve repelida muchas veces a lo largo de esta obra por el pesado lenguaje de Hodgson, sus salidas sentimentales dignas de novela rosa y su detallismo profuso y maníaco, en su día fue reseñada más que favorablemente, siendo calificada, por ejemplo, por el *Morning Leader*, como "...Una pieza narrativa extraordinariamente elegante... un *tour de force*". *Vanity Fair* se refirió a ella como "Un libro remarcable en todos los sentidos... El estilo en que está escrito, el tema del que trata y la escalofriante cualidad imaginativa que abunda en él, son todos sumamente raros y fascinantes, como para que cuando se comienza su lectura uno no pueda dejarla ni por un instante". Me extiendo un poco más en el entusiasta recibimiento de *La Tierra de la Noche*, para invitar a quien lea estas páginas a considerar lo distintas que eran las sensibilidades del lector de fantasía (y del lector en general) de comienzos del siglo XX, de las del aficionado actual.

Durante muchos años ninguna de las ediciones en castellano de *La Tierra de la Noche* –tanto en la vieja colección *Delirium* como en *Pulp Ediciones*, ambas en versión del tristemente desaparecido erudito y editor Francisco Arellano– se atrevieron a ofrecer íntegra la novela, hasta su publicación con el título de *El Reino de la Noche* por la editorial Valdemar, y es de notar la desconfianza y hasta desprecio con que ha sido tratada por sus lectores modernos, incluyendo el propio Lovecraft, que la acusa de hallarse "...mermada por su penosa verbosidad, sus repeticiones, su artificial sentimentalismo romántico y un lenguaje arcaico aún más ridículo y absurdo que el de *Glen Carrig*." (*El horror sobrenatural en la literatura*). Defectos que fueron virtudes para el lector medio y culto de 1912.

Durante todos estos años, dado que sus novelas apenas obtuvieron ventas reseñables, Hodgson siguió viviendo, mal que bien, de sus relatos, conferencias, fotografías y artículos científicos. En noviembre de 1907 *Blue Book* publica "Una voz en la noche", su historia marítima más popular y significativa, que ofrecemos también aquí. "El regreso al hogar del *Shamraken*", uno de sus más extraños y hermosos cuentos, aparece en el número de abril de 1908 del *Putnam´s Monthly*, que publica también en febrero de 1909 "Más allá de la tormenta". Por esa misma época, quizá influido por su admiración hacia Wells, publica en el semanario socialista *The New Age*, en diciembre de 1908,

~THE HUMAN TREES~

Ilustración de Lawrence Stevens (1886-1960) para
Los náufragos del Glenn Carrig de Hodgson,
publicada en el pulp *Famous Fantastic Mysteries* en 1945

22

una sátira antibelicista con el título de "Date 1965; Modern Warfare".

A partir de enero de 1910, con la publicación de "La puerta del monstruo", en la revista *The Idler*, comienzan a aparecer las aventuras de Carnacki, detective ocultista en la línea del John Silence de Algernon Blackwood, que posteriormente serán reunidas en un sólo volumen. A la vez que publica sus historias de ficción ocultista y sobrenatural, escribe y vende también otras de pura aventura, reportajes periodísticos y cuentos de carácter más general, incluso de ambiente *western*, como "Judge Barclay´s Wife", publicado en 1912 por el *London Magazine*. En julio de 1911, volviendo a lo suyo, es decir, al mar y el horror, el pulp americano Adventure publica "El albatros", mientras un año después, *New Magazine*, en su número de enero, pone punto final a las aventuras de Carnacki con el relato "La cosa invisible". Aparecen en forma de libro varios de sus relatos de terror marino, reunidos como *Men of Deep Waters*, en 1914. El número del uno de diciembre de 1912 de *The Red Magazine* publica "La nave abandonada" ("The Derelict"), otro de sus más logrados relatos de horror marítimo.

De alguna manera, entre tanta producción literaria e intelectual, nuestro autor encuentra tiempo para conocer a Betty Farnworth y contraer matrimonio con ella en Londres, el 26 de febrero de 1913, viajando en luna de miel al Sur de Francia, donde permanecerán un buen tiempo. Betty trabajaba en el semanario femenino *Home Notes*, publicado por la misma compañía que editaba varias de las revistas donde escribía habitualmente su marido... ¿Cómo podrían haberse conocido si no? *Red Magazine* publica en febrero de 1913 "El descubrimiento del Graiken" y poco después, en julio de 1914, el fascinante "La nave de piedra", uno de los últimos cuentos de horror marino y ciencia ficción (por así decir) del autor.

Poco después del estallido de la Primera Guerra Mundial, Hodgson vuelve a Inglaterra con su mujer, y entra en el servicio activo como teniente en la Royal Field Artillery, en 1915. En 1916, cae de su caballo y con varias heridas de cierta gravedad y la mandíbula rota, vuelve a casa y a la literatura, pero solo para realistarse cuando se siente recuperado. En octubre de 1917 es enviado a Francia con su compañía y finalmente, en abril de 1918, una granada le volatiliza literalmente. Había buscado un destino militar lo más alejado posible del mar y la marina, huyendo quizá del abismo de disolución que yace bajo las aguas... Solo para encontrar la muerte en el estallido feroz de una granada, que redujo su cuerpo a la invisibilidad total, esparciendo sus fragmentos por la tierra ensangrentada, sin que quedara siquiera algo reconocible, identificable. Evaporado, volatilizado, finalmente escapó del mar. Por nuestra parte, escapémonos ya de este calvario biobi-

bliográfico, y lancémonos a pescar en las aguas profundas
de los terrores marinos de William Hope Hodgson... Y de
su propia mente.

III

> "Dionisos, el dios de los fluidos, gobierna una lóbrega
> tierra de nadie medio licuada. Neumann observa la
> conexión lingüística en alemán entre *Mutter*, "madre";
> *Moder*, "ciénaga"; *Moor*, "aguas pantanosas"; *Marsch*
> "marisma"; y *Meer*, "océano". Una miasma ctónica
> envuelve a la mujer..."
>
> Camille Paglia, *Sexual Personae*.

A Lovecraft, como es bien sabido, no le gustaba el pescado. Tampoco le gustaba el sentimentalismo que asoma,
a menudo, en las páginas de William Hope Hodgson.
Repetidamente, en el citado ensayo *El horror sobrenatural
en la literatura*, se refiere a su "trivial sentimentalismo",
"su artificial sentimentalismo romántico", etc. No le falta
razón. Los personajes femeninos que aparecen en las
obras de Hodgson son puros elementos decorativos, cons-
truidos sin relieve o profundidad alguna, como simples
contrapuntos sentimentales y artificiales a la aventura y la
acción de los protagonistas masculinos. Son ideales victo-
rianos: mujeres hermosas, valientes, indefensas y sencillas,
que caen siempre enamoradas de sus salvadores o que

acompañan a sus parejas en su aciago destino, sin desfa-
llecer apenas ante la adversidad. En definitiva, resultan ser
el elemento más fantástico y menos creíble de todo el universo de Hodgson. Cualquier pulpo gigante de los
Sargazos parece más dotado de realidad que ellas.
Lovecraft no tuvo nunca ese problema: eliminó literalmente a los personajes femeninos de su narrativa, como al
pescado de su dieta alimentaria. Como explica Camille
Paglia en *Sexual Personae*:

"El cuerpo de la mujer huele a mar. Ferenczi dice que "la
secreción genital de la hembra posee, según la descripción
de todos los fisiólogos, un olor bastante neto a pescado. Este
olor procede de la misma sustancia (la trimetilamina) que la
del pescado en putrefacción". Estoy convencida de que las
ostras crudas tienen un carácter latente de *cunnilingus* que
repugna a mucha gente. Comer una ostra recién sacada del
mar, apenas muerta, es una amorosa inmersión en el frío
mar salado de la madre naturaleza."

Las mujeres de Hodgson no existen. Son meros fantasmas creados a la luz de la imaginación victoriana, que su
autor intenta, vanamente, contraponer al auténtico perso-
naje femenino que domina su mejor obra: la mar. Sus cas-
tas heroínas, sus no menos castos héroes y víctimas, parecen excluir el erotismo y hasta el sexo de sus relatos y nove-

las, pero como ocurre en el caso de Lovecraft, esta ausencia elíptica del sexo se traduce en una omnipresencia devoradora del mismo, encarnado en el protagonista absoluto de sus relatos. El mar en la obra de Hodgson es siempre femenino, es, aunque empleemos palabras de Robert E. Howard, "...esa mujer inmensa, eterna, gris y de ojos fríos." ("Desde las profundidades", incluido en la antología *Mares tenebrosos*. Valdemar, 2004). Pero más allá del tópico, en sus cuentos y novelas de horrores marinos el Océano aparece no sólo como una superficie infinita de vacío discontinuo y obsesivo, como ese desierto de agua que, al igual que el de arena, puede arrastrar a la locura hasta a los cerebros más fuertes, sino también como semillero de criaturas miasmáticas y fungosas. Un continente habitado por monstruosidades vegetales, animales y hasta minerales que no pertenecen al universo de lo sobrenatural, sino al de lo Natural. Por ello es posible calificar buena parte de la obra de Hodgson de ciencia ficción y por ello la descripción de su forma específica de cuento de miedo como "materialista", tal como la aplica Rafael Llopis en su clásico ensayo *Historia natural de los cuentos de miedo* (Júcar, 1974), es más que admisible. De hecho, llega más lejos, puesto que desvela que aquello que realmente nos asusta, nos repugna y atemoriza íntimamente es la Naturaleza biológica, cuya esencia líquida y fluida nos remite inevitablemente al mar y a la mujer.

Nuestro cuerpo y nuestro planeta son agua en sus tres cuartas partes. La vida nace en los océanos de la prehistoria y finaliza cuando nuestro cuerpo se pudre, entre humores y líquidos. Los fluidos sexuales, la sangre, la saliva, las lágrimas y secreciones... Todo ello nos hace conscientes, con la fría crueldad de su indiferencia, de nuestra naturaleza animal. No podemos controlarlos sino que, por el contrario, somos controlados por ellos, por fluidos y líquidos que nos obligan a suspender nuestras actividades intelectuales o profesionales para defecar, hacer el amor, beber, verter lágrimas de dolor o risa y otras frivolidades igualmente inevitables y desagradables (desagradables con la posible excepción del sexo... aunque no siempre). Y el mar, reino absoluto de lo acuático y fluido, es también símbolo último de lo no-humano del hombre. O de lo que este, con ingenuidad, quisiera considerar no-humano. Sin embargo, como nos recuerda una vez más Camille Paglia, "...nuestros cuerpos son el océano primigenio (...), un océano que se encrespa y se riza." La mayoría de las veces contra nuestra voluntad, en un oleaje enfermizo y molesto, que se opone a nuestros deseos racionales y los vence implacablemente. El mundo marino de Hodgson no es el paraíso roussoniano de Jacques Cousteau (que, por otro lado, devoró a uno de sus hijos), sino el infierno biológico de nuestro propio cuerpo animal y fluido.

Quizá, como ya se apuntó, el relato más representativo de Hodgson sea "Una voz en la noche". La triste aventura de una pareja de náufragos que va a parar a un islote recubierto de hongos, moho y fungosidades, que acabarán extendiéndose también por sus cuerpos, como un virus corruptor, refleja el temor de Hodgson, y el nuestro, a la pérdida de la identidad y la forma humanas. La misma forma que Hodgson trabajó de firme para adquirir un nuevo cuerpo, musculoso, fuerte y sano. De la humanidad del protagonista apenas queda otra cosa que una voz en la noche, que narra su peripecia terrorífica, con resignación fatalista. No hay salvación. Cualquier intento de aproximarse a las víctimas de esta "enfermedad" solo puede concluir con el contagio. En un momento especialmente horripilante los náufragos descubren que los hongos son comestibles, deliciosos... Y adictivos. Es una trampa darwiniana de la propia vegetación fungosa para apoderarse antes de sus víctimas, por medio de la ingesta. Pero implica también que existe un componente de placer en la pérdida de identidad, en la disolución y el retorno al reino vegetal. Son los hongos de los dioses (enteógenos) que comían los adoradores de los misterios dionisíacos, para retornar al mundo indiviso e indistinto de la Naturaleza. Una vez que los náufragos los prueban, sólo con gran esfuerzo consiguen evitar seguir consumiéndolos, pues saben que comerlos acelera el proceso degenerativo que acabará definitivamente con ellos y su humanidad. Cuando, en un golpe de efecto perfecto desde el punto de vista técnico, Hodgson permite a su narrador entrever al náufrago alejándose de la nave a la que ha acudido en busca de auxilio, este apenas puede distinguir algo con "...el aspecto de una esponja, una esponja desproporcionada, grisácea y tambaleante...". Es una visión horrenda que está en las antípodas de la pasión culturista de su autor. Mientras la educación física esculpe y dibuja cuidadosamente los contornos del cuerpo, el cuento de horror los diluye en una masa primigenia, palpitante e informe. Ambos extremos conforman la personalidad de Hodgson, dotando a su obra de una fascinación que supera los obstáculos de su lenguaje ocasionalmente arcaico, su sentimentalismo victoriano, sus tecnicismos marítimos o su tendencia a repetir elementos argumentales. Más allá de todo esto, hay monstruos... Que no son sino la Naturaleza misma.

Repitamos una de las citas que encabezan este texto:

"Todo se funde en la naturaleza. (...) La naturaleza florece y se marchita en largas y jadeantes bocanadas, subiendo y bajando en un oleaje oceánico. Una mente que se abriera plenamente a la naturaleza sin prejuicios sentimentales resultaría absorbida por su materialismo brutal y su incansable exceso." (Camille Paglia, *Sexual Personae*).

La mente de Hodgson se vio forzada por la realidad a "abrirse" a la naturaleza. Durante ocho años vivió como grumete y marino profesional en un mundo casi darwiniano de brutalidad, jerarquía arbitraria e injusticia. Un mundo reducido tan solo al cascarón de un barco, universo en miniatura, navegando en medio de la nada acuática. ¿De la nada? En todo caso, de una nada palpitante de vida maligna y peligrosa. Tormentas y huracanes, ciclones que Hodgson fotografió como nadie antes, tiburones, peces monstruosos y, casi peor, la "calma chicha" ominosa y amenazadora de los mares tropicales, que tantas veces aparece evocada en sus relatos antes de que un horror mayor haga acto de presencia. Hodgson nunca se recuperó totalmente de sus traumáticas experiencias marítimas.

Tras convertirse en deportista profesional, siendo un hombre pacífico y tranquilo como pocos, encontraba sin embargo un perverso placer en provocar a marineros desconocidos, desafiándoles a pelear sabiendo que tenía todas las de ganar, en un patético pero comprensible impulso por compensar los múltiples abusos y malos tratos sufridos en alta mar. Ni siquiera el ser condecorado con la medalla de la Royal Humane Society, por haber salvado de las aguas infestadas de tiburones de Nueva Zelanda, el 28 de marzo de 1898, al Primero de a bordo cuando cayó desde el mástil, aminoró en absoluto su resentimiento hacia la marina y el mar. En el *Nautical Magazine* publicaría en 1906 un artículo titulado "The Trade in Sea Apprentices", denunciando sin piedad el negocio que las navieras hacían con los aprendices, por cuya admisión como grumetes los padres se veían obligados a pagar elevadas sumas, para que sus hijos hicieran después todo tipo de trabajos profesionales sin remunerar a bordo, siendo tratados de forma humillante y miserable. En uno de sus relatos de aventuras marítimas sin componente fantástico o terrorífico, "Prentice's Mutiny", publicado en tres partes por el *Wide World Magazine* en 1898 y basado en hechos reales, el autor muestra una vez más que no siente cariño alguno por el mundo marinero. Como explica Moskowitz en su citado ensayo biográfico:

"Hodgson, entonces un hombre de treinta y cinco años, es como un muchacho reviviendo eternamente las heridas de su juventud. El cruel Primero es dejado ciego, el brutal Capitán tiroteado, incluso los simpáticos marineros son caracterizados como ignorantes, retrasados mentales y menos que humanos".

Menos que humanos... Moskowitz pone el dedo justo en la llaga, quizá sin darse cuenta.

Puede resultar exagerado pensar que los horrores marinos de Hodgson procedan exclusivamente de su traumática vida en el mar, ya que, como vemos, ciertamente responden a sentimientos más profundos y universales. Poblar siempre las superficies y profundidades marinas de criaturas malignas para el hombre, monstruos gelatinosos y misterios insondables, llegando incluso a caracterizar como uno de ellos al propio Océano como entidad independiente, parece un tanto excesivo y contrasta de forma llamativa con el amor a la mar que sintieron otros escritores que, como Melville, London, Norris o Conrad, también denunciaron la brutalidad e injusticia de la vida marinera... Para estos autores, el mal se encuentra en el comportamiento humano, en cómo los hombres llevan sus vicios (y a veces también sus virtudes) hasta extremos impensables al hallarse en mitad del Océano.

Pero Hodgson es más listo. Sabe que el "mal" está en el propio mar. Solo los locos, los tontos, los masoquistas, los inútiles y los tiranos son capaces de vivir en plena mar, porque el mar es la Naturaleza salvaje en libertad, implacable, amoral y sin otra ley que la supervivencia. En definitiva, el mar embrutece y atrae a los brutos a sus aguas, convirtiéndolos en parte de su monstruoso bestiario. Hodgson, un joven guapo y quizá algo afeminado, inteligente y educado, vio claramente el mar y huyó en la dirección más opuesta posible: hacia el cuerpo humano y su modelado físico. Quiso eliminar incluso lo acuático e informe que tiene el hombre, solidificándolo como roca de carne, cuerpo atlético, escultura viviente. Pero, naturalmente, el agua y el mar le persiguieron durante toda la vida en sus pesadillas, que supo convertir en brillantes relatos de terror.

Al parecer, Hodgson era hipocondríaco, una más entre sus excentricidades, tan propias de los casi siempre excéntricos autores de *pulp fiction*. Hacía gárgaras continuamente, ante el temor de contraer el mismo cáncer de garganta que había llevado a su padre a la tumba, y después de leer las cartas que le llegaban constantemente, se lavaba cuidadosamente las manos para eliminar los gérmenes que podían haberle contaminado a través del correo. Esta obsesión virulenta está presente en muchos de sus cuentos, pero no es fruto tan sólo de una hipocondría, sino también de la experiencia. Cualquiera que haya practicado deportes en un gimnasio o que haya cumplido el servicio militar, trabajado en una piscina o utilizado duchas comunes en un internado, escuela, gimnasio o piscina pública, sabe el problema que suponen los hongos. Omnipresentes, inevitables, contagiosos y prácticamente indestructibles, son la pesadilla de nadadores y deportistas. "Una voz en la noche" es la hipertrofia en forma de pesadilla nocturna de la realidad que Hodgson tuvo que afrontar siempre, tanto en su vida marinera como después, acosado también por las húmedas fungosidades en su labor deportiva. Los hongos debieron perseguir a nuestro escritor desde las bodegas de sus odiados barcos hasta el suelo de su propio gimnasio, por mucho que tratara de impedirlo. De ahí, que sus finos sentidos se enervaran ante cualquier posible contagio de gérmenes o virus. Tras ocho años de hongos, comida plagada de gusanos, enfermedades tropicales que le proporcionaron fuertes dolores de estómago, diarreas y jaquecas, Hodgson adquirió pavor a las enfermedades contagiosas, tan propias de las largas travesías marítimas, y este miedo pasó magnificado a ser tema central en sus relatos.

La mar, inmensa hembra acuosa, es propicia a las enfermedades venéreas que arrastran a los hombres y sus barcos, extensiones fálicas de su empeño tecnológico y fáustico por conquistarlo y explicarlo todo, a la perdición. En "La nave abandonada", un barco entero se convierte en una forma de vida acuática terrorífica y palpitante, descrita por Hodgson con masoquista delectación:

"En la proximidad del farolillo se veían confusas protuberancias de moho que se estremecían y agitaban horriblemente iluminadas por las irradiaciones de la lámpara. Más cerca, dentro de su círculo de luz, el cúmulo de moho que cubría probablemente la claraboya de la cabina fluctuaba ostensiblemente. Estaba recorrido por repugnantes venas purpúreas y, al moverse, me dio la impresión de que las venas y las manchas se destacaban sobre el fondo blancuzco, dibujándose en relieve sobre la superficie del montículo, como se marcan las venas de un caballo de pura sangre sobre su vigoroso cuerpo."

Naturalmente, la nave se ha transformado en un ser vivo, una criatura marina y depredadora, que, de hecho, pretende atrapar a los protagonistas y deglutirlos, asimilarlos cual ameba gigante, despojándolos, una vez más, no solo de su vida, sino también de su forma humana.

En el mundo marino de Hodgson no hay lugar para el *sense of wonder* de Verne o Cousteau, porque en el meollo de ese sentido de la maravilla, aguarda una gigantesca boca llena de dientes, una *vagina dentata* submarina, que solo quiere devorarnos, alimentarse de nosotros, devolvernos al caos original. En "La nave de piedra", la mutación no es de tipo vegetal, como en "Una voz en la noche", ni animal, como en "La nave abandonada", sino mineral: un barco de piedra emerge desde las profundidades, donde su madera y materiales originales han sido petrificados por la naturaleza coralina de las aguas, convirtiendo la nave en un obsceno y fascinante monumento que vuelve a sumergirse, finalmente, en el abismo. No solo los hombres, sino también aquello que orgullosamente construyen, puede ser devorado, fagocitado y escupido por las aguas, desprovisto de su ser y transformado por la alquimia líquida en una criatura primitiva, hija del mar. Como le susurra la mar al protagonista del citado relato de Howard, "Desde las profundidades": "*Hay vida en lo más profundo de mi ser, pero no es vida humana; mis hijos odian a los hijos del hombre.*" En Hodgson hay algo más horrible todavía, algo que escapa, fluyendo como una secreción purulenta, de las páginas de sus cuentos: en realidad, los hijos del hombre son los hijos de las aguas, del propio mar, y este, quizá, no los odia tanto como los ama y desea recuperarlos, sumergirlos de nuevo en su útero inmenso, indiferenciados y sin personalidad. Cuando estos huyen a tierra, los persigue incluso en las más aparentemente inocentes oquedades y humedales. Allí donde acechan las aguas estancadas, los fluidos, los charcos, acecha también ese "mal" poco o nada metafísico. Por el contrario, muy, pero que muy físico.

Como los hongos, los monstruos marinos de Hodgson no se limitan a flotar por los siete mares o colonizar islas enteras. Donde aparezca una mancha de humedad, allí aparecen ellos. *La casa en el confín de la Tierra*, considerada por muchos como la obra maestra del autor, no es una novela de terrores marinos. Se desarrolla en un caserón perdido en Irlanda, que resulta ser una suerte de eslabón que conecta dimensiones. Una puerta entre nuestro mundo y otro universo inaprensible, poblado por dioses primigenios y desde el que es posible asistir al final no ya del planeta, sino del sistema solar. Pero... ¡oh, sorpresa! Esta casa se encuentra cerca de un lago, hundido en un valle próximo, cuya corriente subterránea se conecta con el propio sótano de la mansión. Y estas aguas son las que, de alguna forma, parecen actuar como corriente continua entre nuestro mundo y "el otro". A través de ellas se manifiestan las brutales criaturas con cabeza de cerdo que acosan al protagonista, y en ellas está a punto de perecer ahogado, al intentar descubrir el secreto del pozo y sus aguas subterráneas. En *La casa en el confín de la Tierra*, los horrores telúricos y acuáticos aparecen plenamente asociados al fin, pues ambos son las dos caras de una misma moneda: la Madre Naturaleza. Si la mayoría de los comentaristas de la novela, desde Lovecraft a Terry Pratchett, han destacado el horror cósmico de la misma, lo que más fascinación ejerce sobre mí no son precisamente esas visiones aturdidoras y casi místicas de soles y planetas apagados, dotados de vida propia, como entidades de William Blake o Swedenborg, sino la malignidad física y biológica que rodea y preside la historia. El acoso de las criaturas-cerdo, tan cinematográfico, capaz de evocar los momentos culminantes de *La noche de los muertos vivientes* (*Night of the Living Dead*, 1968) de Romero; la angustiosa expedición subterránea a las fangosas aguas del pozo; la putrefacción física de la vegetación y los húmedos cimientos de piedra de la casa... Con enigmática lucidez, Hodgson incluso sugiere, cosa que no suelen apuntar los críticos y *fans*, que todo puede no ser más que una alucinación del paranoico y angustiado protagonista. Solitario y romántico, obsesionado por un amor perdido, en un nuevo ramalazo de sentimentalismo victoriano propio de algún Tennyson o Coleridge *pulp*, él es el único que asiste a los prodigios, tanto cósmicos como físicos, que se abaten sobre la casa. Su hermana le tiene miedo. Tras el épico combate con las cosas-cerdo, no hay prueba alguna de que este haya sido real en absoluto. No aparecen cadáveres ni restos de lucha, y la hermana del protagonista parece asumir, con resignación, que este ha perdido definitivamente la razón, lo que sus visiones cósmicas más allá del tiempo y el espacio podrían confirmar al lector atento. Hodgson juega con la simpatía del lector por el protagonista, con su empatía y deseo de que todas sus experiencias sean reales. Pero lo único ciertamente real es la presencia de las aguas subterráneas, el largo brazo del mar, que transporta los horrores de las profundidades hasta la superficie de nuestra conciencia, poniendo a prueba nuestra cordura, pues difícilmente podamos aguantar la visión de la realidad intrínseca de la Naturaleza

"...en constante ebullición, borboteante; sus monstruosas burbujas espermáticas derramándose y yendo a aplastarse en esa inhumana sucesión de desechos, putrefacciones y carnicería. De las células apelmazadas, vidriosas, de las huevas de algunos pescados a las ligeras esporas lanzadas al aire al estallar las vainas, la naturaleza es un avispero enconado de agresividad y destrucción." (Camille Paglia, *Sexual Personae*).

Siempre el agua, incluso en un relato de misterio detectivesco, en cierto modo preludio a los cuentos de Carnacki, "El terror del tanque de agua", que se desarrolla tierra adentro, la monstruosidad informe culpable de los horribles crímenes procede, como el propio título indica, de las aguas estancadas en un tanque.

Los terrores marinos de Hodgson son "materialistas" no solo porque, como afirma Llopis, "...recurre a la última ciencia para racionalizar los terrores más arcaicos." (*Historia natural de los cuentos de miedo*), subterfugio literario típico de la época, que el autor utiliza e incluso recomienda a otros escritores, para dotar de credibilidad a sus narraciones fantásticas. Sus relatos son "materialistas", en primera instancia, porque en ellos raramente aparece lo sobrenatural, entendido como tal. Los cuentos de terror marítimo de Hodgson se basan en la existencia de criaturas y fenómenos quizá desconocidos por la ciencia, pero totalmente naturales. Describen un bestiario inexistente –aunque no siempre– pero *a priori* posible. Las naves de piedra o dotadas de vida animal propia, los hongos virulentos y cancerígenos que se extienden imparables y devoradores; la serpiente de mar, más bien gusano, que masacra la práctica totalidad de la tripulación del barco en "Un horror tropical"; las hordas de ratas carniceras, quizá mutadas por su largo aislamiento en el mar, a bordo del buque náufrago que aparece en "El misterio del buque abandonado"... Incluso ciertas criaturas fantasmales, entrevistas en la desolación fuliginosa y alguiforme del Mar de los Sargazos, o los extraños monstruos de rostro humano que resultan ser "Los habitantes de la isleta Middle", poseen características zoomórficas que parecen emparentarlos con animales marinos reales como morsas, pingüinos o focas. Son todas especies todavía sin catalogar, pero naturales al fin y al cabo, acechando en los rincones olvidados del Océano, que difícilmente podrán ser alguna vez descritas por los naturalistas, puesto que lo más fácil es acabar devorado… o convertido en uno de sus miembros si te aproximas demasiado.

La primera novela de Hodgson, *Los botes del Glen Carrig* presenta al lector un innominado Mar de los Sargazos al que va a dar un grupo de náufragos del siglo XVII. La narración de aventuras prototípica, al estilo de Defoe o Marryat, se complica con la atmósfera de terror y miedo a lo desconocido que Hodgson recrea con habilidad. Los ruidos y extraños sonidos nocturnos. Los aullidos y suspiros de animales o cosas desconocidas al acecho... Finalmente, los marinos se enfrentan con criaturas, sin duda monstruosas y temibles, pero, en cierta medida, perfectamente posibles: pulpos gigantes, cangrejos de dimensiones descomunales, bancos de algas con vida propia, extrañas criaturas anfibias antropomórficas, árboles capaces de fagocitar a los seres humanos... Fenómenos desconocidos pero naturales, vomitados por las entrañas de la mar. Son sus hijos y, por ende, nuestros parientes, por lejanos que sean, puesto que también nosotros, un día, surgimos de las aguas primigenias.

En este "mar sin mareas", en estos Sargazos fantásticos de Hodgson, se desarrollan también los relatos "Desde el mar sin mareas", su primera y su segunda parte, habitualmente publicadas como una sola historia; el ya citado "El misterio del buque abandonado", "El descubrimiento del *Graiken*" y los cuando se escribió este texto aún inéditos en castellano "The Thing in the Weeds" y "The Call in the Dawn". Junto a *Los botes del Glen Carrig* conforman un universo que define perfectamente el mar de Hodgson: una superficie miasmática, cubierta de excrecencias, fungosidades y vegetación mutante, bajo la que se esconden animales horripilantes, hambrientos y depredadores, cuyos tentáculos y pinzas son como extensiones naturales de las propias aguas. Todo en este Mar de los Sargazos exuda, rezuma humedad amenazadora... y femínea. No es de extrañar que los personajes femeninos que aparecen de cuando en cuando en este ciclo narrativo tengan tan poco interés como entidad propia. Son, como ya dijimos, meros arquetipos, e incluso simples tipos, característicos de la narración romántica de aventuras. Están ahí para ser rescatados heroicamente, resistir también heroicamente las desgracias y, ocasionalmente, contraer matrimonio con el narrador. Pero, como describe nuevamente Camille Paglia,

"...la experiencia de la mujer está sumergida en el mundo de los fluidos, algo que queda patentemente demostrado en la menstruación, el parto y la lactancia. La retención de líquido, esa maldición fémínea, es el plúmbeo abrazo de Dionisos."

Y esta identificación de lo femenino con lo acuático y marino es la que impide que Hodgson desarrolle personajes femeninos dignos de interés. Su interés está solo dominado por una mujer, la mujer de su vida: la mar. Y por su madre, naturalmente. Ese es el verdadero terror arcaico que subyace en su obra y que él mismo "racionaliza" o, al menos, exorciza, a través de sus cuentos de horrores marinos: el miedo a la Madre.

A riesgo de parecer demasiado freudianos, resulta sin embargo imposible no ver en la obsesión marina de Hodgson una sombra, un reflejo en negativo, del amor e intimidad que le unían a su propia madre. A ella le dedica, como vimos más arriba, su primera novela, *Los botes del Glen Carrig*, donde da precisamente forma al informe Mar de los Sargazos de sus pesadillas. Es como si convirtiera a su madre en un talismán, un hechizo benefactor, frente a esa otra madre oscura y traidora que le obsesiona y ha querido tragarlo.

Hodgson, a tenor de lo que cuenta Moskowitz, era un hijo ejemplar: no fumaba, no bebía ni era mujeriego, algo poco común tratándose de un marinero, a decir verdad. Solo una vez había traicionado la confianza materna: cuando decidiera embarcarse como grumete, contra los deseos explícitos de su madre, pero contando con el favor del padre. A su amargo retorno de la mar océana, Hodgson vivió, hasta su matrimonio, siempre en compañía de su madre y hermanos, contribuyendo como podía a la frágil economía familiar. Sabemos que su madre estaba orgullosa de él y de su talento literario. Sabemos que este talento, para el propio Hodgson, era sobre todo el de un poeta que nunca consiguió que se publicaran sus poemas en vida. Solo logró verlos ocasionalmente impresos como prefacio a sus novelas y libros de relatos, por lo que solía incluir siempre alguno al comienzo de los mismos. Su poesía sería editada póstumamente por su esposa.

Es arriesgado lanzar cualquier hipótesis acerca de la sexualidad de Hodgson. Su narrativa es obviamente viril, en un sentido en absoluto peyorativo, y su obsesión por lo fluido y viscoso, identificado con la disolución del "yo" en el vasto vientre de la bestia marina, nos permite sospechar una misoginia muy similar a la de Lovecraft, aunque

Hodgson quizá sí comiera pescado. Su belleza física y rostro clásico, su sensibilidad romántica de poeta incomprendido, su obsesión por el cultivo de los músculos, su rechazo a la brutalidad viril de la vida marinera y su declarado amor por la figura materna, omnipresente hasta el final de su vida, así como sus escasas relaciones con mujeres... ¿nos permiten suponer en Hodgson una homosexualidad latente, más o menos reprimida? No creo tener ningún derecho a ello, a pesar de que la insistencia de Moskowitz en lo contrario –varias veces asegura, como quien le hubiera conocido personalmente, que Hodgson tenía un "saludable" interés en las mujeres, indicando de paso lo poco saludable que es interesarse por los hombres o, en definitiva, no interesarse por nadie– resulta mi principal indicio para sospechar algo al respecto.

Resulta generalmente tan incómodo para muchos aficionados a la fantasía y el terror reconocer, o siquiera suscitar, sospechas de homosexualidad en cualquiera de sus autores favoritos, que solo por ello merece ya la pena hacerlo. Naturalmente, la homosexualidad no es condición necesaria para ser un marinero arrepentido, un poeta sensible y un musculoso hombre eduardiano, ligeramente machista. Pero sí es cierto que el rechazo de Hodgson por el mar y su pormenorizada descripción del mismo como entidad femenina, así como de las criaturas fluidas y viscerales que lo habitan, refleja al menos un sentido de la misoginia más profundo y perturbador del habitual en otros muchos escritores de *pulp fiction*. Tampoco Lovecraft fue homosexual, aunque literariamente rechazara el sexo femenino y el sexo en general, y si bien llama la atención que su amistad con Robert Barlow, así como con otros jóvenes escritores homosexuales, parezca casi más íntima que sus propias relaciones matrimoniales con Sonia Green, Sprague de Camp, en su *Lovecraft. Una biografía* (Valdemar, 1992, existe reedición), se inclina a sospechar que la ignorancia de Lovecraft en materia sexual era tan enorme, que incluso era incapaz de adivinar que varios de sus corresponsales habituales y amigos eran *gays*. Es posible, como lo es también que Hodgson no fuera homosexual en absoluto, ni siquiera latente... Pero sí un hombre profundamente reprimido y con una visión de la sexualidad femenina extremadamente confusa. O demasiado clara.

Solo se le conocen a Hodgson dos relaciones serias con mujeres (siguiendo siempre el extenso esbozo biográfico de Moskowitz): la que condujo a su matrimonio en 1913 con Betty Farnworth, que, a la sazón tenía los mismos años que él y trabajaba en el mismo medio literario y periodístico, y otra anterior, digna de un relato de la época. Su único amor antes de casarse fue, al parecer, una exótica y misteriosa mujer, amiga íntima del mayordomo del Rajá indio Gwek Baroda. El Rajá había protagonizado un escándalo menor durante su visita a Inglaterra, al no acertar a inclinarse (posiblemente con toda intención) para saludar al Rey Jorge. Esta singular mujer era de origen indio y holandés, y, según parece, las evidentes diferencias de clase y fortuna impidieron que Hodgson llevara más adelante sus proyectos románticos con ella. Como otra prueba más de su "saludable" interés en las mujeres, Moskowitz añade, de forma muy poco convincente, que "fue relacionado en una ocasión con una chica de Barth, pero nada salió de ello". ¡Dios mío, tres relaciones femeninas en la vida de un marino mercante guapo, musculoso e inteligente!

Tranquilicemos a nuestros posibles lectores fanáticos del fantasy, el terror y la ciencia ficción y, por tanto, muchos de ellos infantilmente homófobos: no sabemos ni nos importa mucho si Hodgson era *gay*, latente, reprimido o desatado, durante las breves horas del día en que no era vigilado por Sam Moskowitz. Sabemos que amaba a su madre, que intentó dejarla contra su voluntad para hacerse a la mar... Y que volvió a su regazo, odiando al mar y a sus habitantes, tanto humanos como inhumanos, sin separarse de ella hasta su matrimonio. Nos basta para suponer que Hodgson, como Lovecraft o Robert E. Howard, tenía una vida íntima bastante peculiar, que se refleja no sólo en el disgusto por el medio acuático, síntoma no siempre definitivo, sino también en su incapacidad para representar personajes femeninos convincentes y dotados de interés. Es natural: sus escasas damas victorianas son reflejos literarios de su madre, fetiches de bondad y sentimentalismo artificial, mucho menos interesantes que esa madre oscura a la que odió y dedicó el grueso de su producción. En mi opinión, no hay duda de que la obsesión de Hodgson por la licuefacción, la mutación, la fluidez, la fungosidad y la humedad, como destructoras de la identidad física y moral de sus personajes, es un reflejo de su propio temor íntimo a verse devorado por su madre, desde una perspectiva netamente freudiana, y por la Naturaleza dionisíaca y violenta, desde una perspectiva más junguiana, pero también apoyada por la indefectible realidad que había experimentado directamente durante su vida como marino mercante.

En *Los piratas fantasmas*, la última y mejor novela de su *Trilogía del Abismo*, así rebautizada por Valdemar en su magnífica edición de las tres obras en un solo volumen (*Trilogía del Abismo*. Madrid, 2005), Hodgson aborda, nunca mejor dicho, la destrucción definitiva de la identidad de su pasado como marino. El imaginario Mar de los Sargazos de Hodgson se ve habitualmente sembrado por barcos y navíos extraviados, la mayor parte de cuyas tripulaciones han perecido devoradas por crustáceos enormes, asfixiadas por tentáculos de pulpos gigantes, comidas vivas por ratas mutantes o abducidas por razas semihumanas de apariencia zoomórfica. Pero también, ocasionalmente, en algunos de ellos los náufragos sobreviven a duras penas, convirtiendo el casco de sus barcos en auténticas fortalezas medievales. Tanto en *Los botes del Glen Carrig* como en algunos relatos, Hodgson dedica varias páginas a describir, a la manera de Defoe, cómo sus esforzados supervivientes edifican, pieza a pieza, con ingenio, valor y habilidad, estos cascos dobles, verdaderos castillos marinos, a fin de protegerse de las criaturas acuáticas y sus ataques. Aquí, el barco, como símbolo del trabajo, de la laboriosidad y la tecnología, se impone, aunque sea frágilmente, a la naturaleza salvaje y devoradora que le rodea. Gracias a este esfuerzo intelectual y físico, netamente humano, salvan la vida algunos de sus náufragos. El barco, en definitiva, es la civilización. El principio masculino que sobrevive y a veces hasta triunfa en mitad de un mar de dudas gelatinosas y absorbentes. Quizá un día, parecen expresar silenciosamente las historias de los Sargazos, el hombre sea capaz de explorar por completo este siniestro mundo de algas, hongos e invertebrados asesinos, cartografiarlo y conquistarlo... Pero, ¿qué ocurre si el barco mismo se rebela contra sus habitantes, sus dueños? El pesimismo de Hodgson, su negra visión de la mar y lo marítimo, llega finalmente a destruir incluso esa suerte de vano espejismo de esperanza, de fe en la revolución industrial y su poderío.

En *Los piratas fantasmas*, el propio barco se alía con un universo marino de naturaleza femínea, opuesto al hombre y a lo humano. Como la vieja casa irlandesa de piedra en el confín de la Tierra, el *Mortzestus*, tal es el nombre fatídico del barco protagonista, es el punto de unión entre nuestro mundo material y otro, no menos material, pero cuyas leyes y normas físicas son distintas a las nuestras. El talento narrativo de Hodgson brilla especialmente en esta historia de piratas improbables, que no son de carne y hueso, pero tampoco ectoplasmas o espíritus. Resulta lamentable la palmaria falta de imaginación de Lovecraft cuando, al referirse a los espectros del *Mortzestus*, afirma que se trata de "...terribles demonios marinos (de aspecto casi humano y que quizá sean los espíritus de los antiguos bucaneros)". Muy al contrario, el propio Hodgson introduce hábilmente una explicación seudocientífica, característica de la escuela del "cuento de terror materialista", que apunta más bien a la posibilidad de que el barco sea un extraño cruce entre nuestro universo y "el otro" y sus habitantes. Poco a poco, prácticamente todos los marinos del navío van siendo eliminados por los "piratas fantasmas", presencias semivisibles, caracterizadas nuevamente, como todo lo terrible en Hodgson, por su falta de contornos concretos, por su indefinición entre lo humano y "otra cosa". Además, el barco proyecta de algún modo su doble espectral. Es y no es el mismo barco. Tenemos la impresión de que los piratas fantasmas no tratan quizá tanto de apoderarse del *Mortzestus* como de *recuperarlo*. Lo que, finalmente, conseguirán.

Desde el punto de vista literario, *Los piratas fantasmas* es la obra más conseguida de su autor. Su crescendo narrativo imparable y sutil, combinado con el realismo de sus descripciones y términos marítimos, arrastra al lector en un deseo nunca satisfecho por saber más, más y más. Pero nada puede saberse con seguridad en el fluido universo de Hodgson. Salvo que el *Mortzestus*, a pesar de las apariencias, no pertenece a este mundo. No es humano, por mucho que haya sido construido con maderas, tela y metal. Pertenece a la mar y, como ella, odia al hombre y no desea más que su disolución. Moskowitz encuentra un precedente en el cuento de Frank Norris "El barco que vio un fantasma" (incluido en la antología *Mares tenebrosos*), donde un barco se "asusta" literalmente de una nave fantasma. Podríamos hablar también de "La bestia", el impresionante relato de Conrad sobre una embarcación maldita y maligna, cuya vida bestial es producto de la sangre derramada sobre sus cubiertas de madera. Pero en ningún caso acertaríamos, porque lo que encontramos en *Los piratas fantasmas* no es tampoco estrictamente sobrenatural. No estamos ante una historia de fantasmas, sino ante una pesadilla arquetípica, en la que el hombre y sus señas de identidad, un orgulloso barco, producto de su trabajo y su ciencia, son, una vez más, absorbidos, tragados y asimilados por lo marino, lo fluido, lo profundo. Poco importa qué o quienes sean los piratas fantasmas. Son enviados de las profundidades de nuestros orígenes marinos, quienes nos advierten que una vez en las aguas lo más probable es que seamos diluidos en ellas, retornando a su indiferente pero siempre hambriento útero materno y esponjoso. Si hay algún relato de horror marítimo que pueda compararse con este, sería "El Salterio de Maguncia", del maestro belga Jean Ray, donde el barco que da título al cuento atraviesa las fronteras del "otro mundo", de otra dimensión, deslizándose inadvertidamente sobre las aguas del Océano... De repente, el protagonista advierte que las estrellas que cubren el cielo nocturno ya no son las mismas de nuestro universo conocido, sino otras muy distintas. El mar, superficie inabarcable, se desliza sutilmente hacia otro mar extraño, que sin embargo es también y a la vez el mismo mar. Como las aguas subterráneas de *La casa en el confín de la Tierra*, aquellas por las que navega "El Salterio de Maguncia" son una corriente fluida entre nuestro mundo humano y ese otro, habitado por nuestros miedos y pesadillas ancestrales.

Una vez llegados a este punto, es inevitable insistir en cómo las fronteras entre lo fantástico y lo real se diluyen en muchas ocasiones en las páginas marineras de Hodgson. Aparte del hecho de que sus criaturas marinas se nos presentan con la pretensión de ser, en cierto modo, "naturales", nuestro autor sabe caracterizar perfectamente el Océano como una fuerza destructiva con identidad propia. En "Más allá de la tormenta" asistimos, merced a la magia moderna del telégrafo, a los últimos momentos de un barco víctima de un huracán, a través de las palabras de uno de los viajeros:

"He aprendido cosas inimaginables durante este corto período de espera" –escribe el aterrorizado pasajero–. "Ahora sé por qué nos aterra la oscuridad. Jamás habría descubierto de otra manera los secretos del mar y de la tumba (que, en el fondo, son la misma cosa)".

No creo sea necesario insistir mucho en el paralelismo metafórico y casi literal entre la cuna y la tumba, entre el vientre que nos da la vida y el de la madre tierra que nos acoge después de muertos. Poco después, el mar nos es descrito directamente en términos femeninos, casi blasfemos: "¡Tú no eres Dios! Tú te encoges atemorizado ante esta *Criatura* horrenda que Tú mismo creaste en Tu vigorosa juventud. *Ella es ahora* Dios... y yo soy uno de sus hijos." ¿Puede existir una más clara y patética declaración de principios? Incluso la idea de Dios, del Dios todopoderoso y masculino, se disuelve ante el furor de la mar desatada, de la Naturaleza, que aunque Hodgson presenta tímidamente como creación del propio Dios, en realidad le sustituye y elimina por completo. Más aún, al contrario que Howard en su relato citado y de forma mucho más sutil, afirma que somos "sus hijos". De *ella* venimos y a *ella* volvemos. Lo que sigue es una descripción implacable de la *Criatura*, poderosa, cruel y egoísta, que no duda en ahogar a una madre con su hijo y, finalmente, arrastra al propio narrador a su destino, interrumpiendo la historia en primera persona, como luego Lovecraft y sus seguidores acostumbrarán a interrumpir las narrativas de sus protagonistas, rotas por la aparición final de sus viejos dioses arcanos, que palidecen frente a este Mar evocado por el mismo Hodgson que había fotografiado, literalmente, "el corazón de un ciclón".

Uno de sus más extraños y poéticos relatos marinos, "El regreso al hogar del *Shamraken*", donde nos presenta una singular tripulación de ancianos marineros, cuyo grumete tiene más de cincuenta años, concluye cuando el barco y sus hombres, fascinados por un fantástico espectáculo atmosférico eléctrico (real y natural), son engullidos literalmente por un ciclón, traspasando así el "umbral de la eternidad". Como ya ilustramos ampliamente, los propios marinos, brutalizados por su aislamiento y su contacto continuado con la mar, pueden convertirse en autores de horrores y crímenes bestiales, como ocurre en el relato de misterio "El encantamiento del *Lady Shannon*", historia de la retorcida venganza de un marinero víctima de la brutalidad de sus superiores.

En definitiva, a la vista de su sinceridad en un relato casi documental como es "Más allá de la tormenta", resulta lícito pensar que Hodgson era consciente, en buena medida, de la metáfora femenina y materna que representan sus horrores marinos y fungosos, aunque, lógicamente, no pudiera ni quisiera comprender todas sus implicaciones y nuestras conclusiones. La más evidente de las cuales es que los relatos de horror marino de William Hope Hodgson son, posiblemente, los mejores que se han escrito en su género, porque representan, de forma morbosamente "seu-dorrealista" y eficaz, el drama ancestral de la lucha entre el principio apolíneo masculino y la atracción del abismo dionisiaco, primigenio y femíneo, encarnado a la perfec-ción por su concepción del mar en términos femeninos, fluidos y primitivos.

En términos freudianos, Hodgson lucha contra la madre castradora, sublimando creativamente su repulsión y atracción por ella, al convertirla en villano impersonal e inhumano de la mayor parte de su obra, dotándola de características mitológicas y arquetípicas universales. Conscientemente, Hodgson adora a su madre y utiliza sus sentimientos de amor filial para construir aquello que resulta más endeble en sus novelas y relatos: los personajes femeninos y el romanticismo sentimentaloide que los rodea. Inconscientemente, identifica claramente la mar y sus siempre horrendas criaturas, incluyendo a veces a los propios marineros, con la Madre Oscura primigenia y caó-tica, cuyas fuerzas desatadas solo buscan la disolución de la identidad masculina en el interior indiferenciado de su masa de agua, algas, hongos, monstruosos invertebrados y navíos hundidos y desarbolados. El verdadero náufrago del *Glen Carrig* es el propio Hodgson, caminando con paso indeciso por el Mar de los Sargazos de su imaginación, sabiendo que nunca podrá escapar de él.

IV

"La Venus de Botticelli arriba a la costa en una concha. El amor sexual es una inmersión en los abismos marinos de lo intemporal y lo elemental."

Camille Paglia, *Sexual Personae*

El informe y tentacular Cthulhu de Lovecraft yace dormido en las profundidades del Pacífico. El científico protagonista de *Viaje alucinante al fondo de la mente* (*Altered States*, 1980), film de Ken Russell basado en el elaborado e inteligente plagio de Paddy Chayefsky de la novela de Leonard Cline *La estancia oscura* (Valdemar, 2002), admirada también por HPL y por Clark Ashton Smith, se sumerge en un tanque de aislamiento líquido para reencontrar su origen, llegando a convertirse casi en protoplasma, tras haber consumido hongos mágicos indios... Que lo acuático y primordial, lo mojado, lo fluido, remiten siempre a los orígenes indiferenciados y a lo femenino, es una lección básica del psicoanálisis y la psicología de los arquetipos. Ahora bien, ¿qué hace de los relatos de Hodgson algo tan especial? ¿Por qué siguen provocando el escalofrío y un húmedo y pegajoso "sentido de la maravilla", ausente en tantos de sus contemporáneos y seguidores? El motivo debería estar claro tras las páginas precedentes: Hodgson vivió *realmente* los horrores que describe. Su fuga de la madre para enrolarse en el mar, su rechazo del mismo y de la cruel vida marinera tras ocho años de pesadilla (en los que, indudablemente, habría también momentos buenos… esperemos), su carácter hipocondríaco, por un lado, y por otro, su respuesta a todo ello cultivando su físico obsesivamente, convirtiéndose en pionero del *body building.* Su sensibilidad como poeta fracasado, sus escasas relaciones femeninas conocidas, puede que incluso platónicas, hasta el matrimonio con una mujer quizá con cierto carácter maternal –publicaría póstumamente, como vimos, los poemas de su difunto marido, gesto de madre tanto como de esposa amante-... Son pistas que nos desvelan cómo el drama arquetípico de la guerra eterna entre Apolo y Dionisio, tal como es descrito por Camille Paglia en sus mejores páginas y antes intuido y expuesto a la luz del sol por Sade, Nietzsche o Jung, entre otros, fue vivido intensamente por William Hope Hodgson. Por eso, su imaginación es tan feraz en horrores marinos, descritos con detallismo masoquista y sensualmente perverso.

Porque en lo más hondo de su corazón y de su mente, cree en ellos. Sabe que son representaciones literarias de un drama real, que se desarrolla paralelamente en el imaginario colectivo del inconsciente humano y en el escenario cruelmente auténtico de la vida física y material. Especialmente de la vida en alta mar, en medio de la Naturaleza desnuda, desprovista de máscaras.

Los mejores cuentos de Hodgson son aquellos en los que el hombre fracasa en su intento por escapar a la oscura madre océana. Cuando nuestro autor trata de imponer un final feliz, producto del orden masculino, es cuando más se hunde literariamente. Sus cuentos de Carnacki, aunque simpáticos, están muy lejos de alcanzar las mejores páginas de sus historias marítimas, y comparados con los del optimista John Silence de Algernon Blackwood, o el excesivo Jules de Grandin de Seabury Quinn, resultan algo sosos y menos convincentes. Porque Hodgson no cree que su detective tenga realmente ninguna opción frente a lo ominoso y sobrenatural ("natural", en términos para o seudocientíficos). Sin llegar al nihilismo pesimista y fatalista de Lovecraft, propio de una personalidad contemplativa, decadente e inactiva, el deportista, aventurero y marinero Hodgson responde al caos con obstinación... Pero dado que durante muchos años lo ha visto cara a cara, ha sentido su aliento mortal y olfateado sus corruptos fluidos, viviendo en medio de su contagiosa brutalidad, capaz de afectar a los propios navegantes como una forma de virus invisible pero no menos infecciosa que los hongos de "Una voz en la noche", sabe de su victoria final e inevitable.

El erotismo de Hodgson existe, pero como el de Lovecraft, es sin duda perverso. No se localiza en las escasas relaciones amorosas que describe en sus obras, siempre marcadas por un aire de tragedia romántica ingenuo e idealizado. Se encuentra en las descripciones minuciosas de las criaturas invertebradas de su peculiar Mar de los Sargazos, en su capacidad para evocar la humedad lasciva, adictiva, de sus hongos contagiosos. Está en el rostro de la amada, "borroso y angelical", que, de repente, tiende sus brazos y descubre unas manos terminadas "como las garras de una fiera salvaje", tal y como describe en "Los habitantes de la isleta Middle". Por supuesto, no es necesario ser homosexual para desarrollar este inquietante erotismo negro... aunque a veces ayuda (pensemos en Huysmans o Wilde). Basta con adquirir, de una u otra forma, cierta conciencia de la guerra secreta y a voces entre Dionisios y Apolo, y cómo esta se superpone a nuestros deseos, a nuestra lógica, amenazando arrastrarnos de nuevo al cieno y el fango primordiales. Hodgson, guapo, enmadrado, tímido, pulcro, vivió inmerso en esta lucha hasta el límite de la pesadilla durante ocho años como marino mercante, aprendiendo dolorosamente que debía reafirmar urgentemente su "yo" masculino, físico y mental, si no quería ser anulado por la mar, por la madre eterna.

La disolución, que a nadie perdona, le alcanzó con toda la injusticia de una muerte violenta y prematura, aquél día, no se sabe bien si el 17 o el 19 de abril de 1918, cuando fue volatilizado por una granada alemana. Pero, al menos, murió como hubiera podido desearlo en su casi obsesivo resentimiento contra el mar: tierra adentro, bajo el fuego fálico y viril de cañones, fusiles y metralla. Murió estallando en mil pedazos, explotando entre pólvora y metal... No disolviéndose en la nada acuática, ahogándose en el seno impío de la mar. Su cuerpo se deshizo en pequeños fragmentos, poniéndoselo difícil hasta a los gusanos. Su cráneo nunca serviría de pecera para los habitantes de las profundidades, ni su esqueleto se fosilizaría, convirtiéndose en coral y perdiendo sus contornos, fundidos con la roca submarina. En medio de la Primera Guerra Mundial, William Hope Hodgson, que tantas veces pudo morir ahogado y que tantas veces evocó el horror de la disolución, de la fluidez y la absorción, se convirtió en fuegos artificiales en la fragua de Vulcano del heroísmo militar y la mala suerte bélica. Murió como se había construido a sí mismo: como un hombre.

APÉNDICE (CHORREANTE)

La influencia de Hodgson es más amplia de lo habitualmente reconocido, quizá por demasiado sutil. Sin duda, inspiró a Lovecraft parte de sus visiones y temas, y no deja de ser paradójico que el Maestro de Providence renegara tanto del estilo literario arcaico y arcaizante de Hodgson, cuando a lo largo de su propia obra hace gala del mismo en numerosas ocasiones. Moskowitz, más cercano al mundo de la ciencia ficción que al de la fantasía, destaca la proximidad de las descripciones cósmicas de *La casa en el confín de la Tierra* con las de Olaf Stapledon, aunque no sepamos si este habría leído a Hodgson, un autor "menor" incluso en su tiempo. De hecho, como hemos visto, estas visiones de horror cósmico y apocalipsis estelar, tienen su posible origen en Wells, por un lado, y quizá también en la literatura mística y seudobíblica de visionarios como Blake, Milton o Swedenborg. No olvidemos que el padre de Hodgson era un sacerdote anglicano bastante culto, que transmitió a este su afición por el lenguaje del Antiguo Testamento, por las traducciones de *La Biblia* de los siglos XVII y XVIII. Es decir, las mismas fuentes que posiblemente inspiraron a Stapledon, sin necesidad de leer a Hodgson. El escritor británico Ramsey Campbell, autor tanto de excelentes cuentos macabros como de plúmbeas novelas de terror, presume también de contar a Hodgson entre sus clásicos del género favoritos.

El mar como fuente de horrores sin fin, como escenario gótico, ha conocido toda suerte de avatares literarios. Muchos han sido reunidos por José María Nebreda, experto en el tema y amante de Hodgson, en su excelente antología *Mares tenebrosos*, varias veces citada aquí. Entre los relatos que aparecen en ella claramente influidos por Hodgson está "La isla de los hongos", de Philip M. Fisher, publicado en el *pulp* americano *Famous Fantastic Mysteries* en los años 20. Se trata de una suerte de secuela, casi diríamos plagio, de "Una voz en la noche", algo mediocre y aderezada con elementos de aventura *pulp* que alargan innecesariamente su clímax. Aún así, la idea original de Hodgson tiene tal fuerza que funciona incluso aquí. No dejaremos de señalar que *Famous Fantastic Mysteries* reimprimió durante esos mismos años muchos de los relatos de Hodgson, y probablemente Fisher ideó su cuento, así como algunos otros en la misma línea, como auténticas obras de *exploitation*, para seguir sacando provecho a las ideas del escritor fallecido. "El pecio de la muerte", de los modernos autores británicos Simon Clark y John B. Ford, es, en palabras de Nebreda, "una especie de homenaje a las obras de William Hope Hodgson". De hecho, todo un ejemplo de mímesis literaria en plan *fanfiction* que recrea con detalle tanto ideas propias de nuestro autor como sus maneras literarias, combinando ambas cosas con ingenio y buen hacer, pero con la frialdad y artificiosidad esperables en un mero ejercicio de estilo, por bienintencionado que sea. Una vez más la diferencia estriba en "vivir", "creer" o, al menos, ser capaz de "ver", con claridad visionaria, el conflicto arquetípico que subyace en los horrores marinos de Hodgson, y no en simplemente reproducirlos de forma imitativa con peor o mejor fortuna. En este sentido, el cuento de Clark y Ford, así como la aportación española "El misterio del *Vislatek*", de Óscar Sacristán, incluido también en esta antología, no se diferencian mucho del relato de Fisher, aunque sean superiores literariamente. Por fortuna, el Oceáno de Hodgson, y con él su Mar de los Sargazos, caliginoso y algoide (me da que ni existe este último término), no ha propiciado una avalancha de mediocres continuadores, capaces de hacernos sentir más náuseas que el pescado podrido, como ocurre en el caso de Los Mitos de Chtulhu.

El cine tampoco parece haber descubierto las delicias marinas de Hodgson... ¿O sí? Curiosamente, la única adaptación "oficial" de uno de sus relatos proviene de una cinematografía tan exótica como siempre sorprendente: Japón. *Matango* (1963), dirigida por el mítico Ishirô Honda, responsable del no menos mítico y gigantesco Godzilla, es una versión notablemente fiel en muchos aspectos del más famoso de los cuentos escritos por

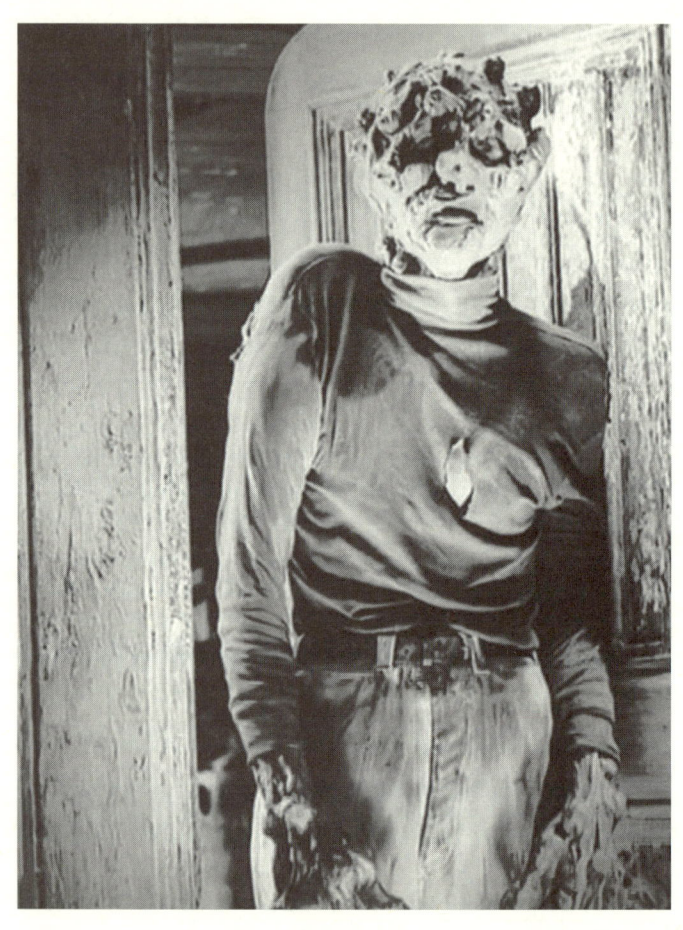

Hideyo Amamoto en *Matango* (1963),
adaptación de *Una voz en la noche* dirigida por Ishiro Honda

Hodgson, "Una voz en la noche". Honda, dentro de las limitaciones propias de la época y del presupuesto manejado, consigue un ejercicio de terror y suspense más que memorable, que sigue muy de cerca la historia original (aunque su tratamiento cinematográfico incluye, como es lógico, un mayor desarrollo de personajes y situaciones, con un tono pulp que, en cierto modo, está más cerca de algunos imitadores de nuestro autor que de su propio estilo), pero que, muy significativamente, resultó especialmente perturbador para el público nipón, debido al parecido que las víctimas de la fungosidad asesina de Hodgson ofrecían con algunos de los afectados por la radiactividad de las bombas atómicas que arrasaron Hiroshima y Nagasaki.

Aparte de este curioso, alucinado y memorable filme, no existen otras adaptaciones literales de sus cuentos y novelas (que yo sepa, al menos), pero no dejan de asombrarnos ciertos parecidos casuales. La lucha con el cangrejo gigante que aparece en *La isla misteriosa* (*Mysterious Island*, 1961) de Cy Enfield, inspirada en la novela de Verne y con efectos especiales de Ray Harryhausen, es casi literalmente igual a la descrita por Hodgson en *Los botes del Glen Carrig*. Harryhausen, amigo personal de Ray Bradbury, lector de *pulp* y conocedor experto del género, ¿habría leído la novela? En cualquier caso, esta escena es mucho más fiel a Hodgson que a Verne, en cuya obra nunca aparecen monstruosidades exóticas tales como las recreadas por el mago de la *stop motion*.

Si hablamos de *El continente perdido* (*The Lost Continent*, 1968), psicotrónica producción Hammer de aventuras, nos encontraremos con un curioso proceso de retroalimentación plagio/homenaje, digno de mención. El film, realizado por Michael Carreras, se basa en una novela de Dennis Wheatley, escritor de *thriller*, misterio y ficción ocultista sumamente popular en Inglaterra, donde dirigió notables colecciones literarias del género. En él se describen las peripecias de un variopinto grupo de náufragos perdidos en el Mar de los Sargazos en los años treinta, acosados por criaturas viscosas y gigantescas, con aspecto de crustáceo, donde descubrirán un barco español del siglo XVII encallado, convertido por sus supervivientes en una fortaleza que les protege de los monstruos exteriores... ¿suena familiar? A partir de aquí, la cosa deriva hacia la aventura de "mundo perdido", con un malvado tirano inquisidor y una corte española de guardarropía enfrentados a los protagonistas, que liderarán la justa e inevitable rebelión de los esclavos. No hay duda de que Wheatley rinde homenaje y plagio (ambas cosas son habitualmente lo mismo) a las novelas y cuentos del "ciclo del Mar de los Sargazos" de Hodgson, y esto se refleja perfectamente en esta torpe y divertida producción a pesar de, o gracias a, sus desopilantes monstruos y efectos especiales y a unos decorados oníricos y alienígenas, que constituyen su mejor logro, evocando en el lector de *Los náufragos del Glen Carrig* su ominoso escenario surreal.

Casi de adaptación "no-oficial" de Los piratas fantasmas podría calificarse la cuarta película del maestro del terror John Carpenter, *La niebla* (*The Fog*, 1979), donde los marinos espectrales invaden no un barco, sino el puerto frente al que fueron encallados premeditadamente por los piratas costeros, para tomar venganza sobre los descendientes de sus asesinos. Aunque se trata de una suerte de zombis bastante materiales y putrefactos, a diferencia de las evanescentes presencias de la novela de Hodgson, su llegada, acompañada de la húmeda y espesa niebla que da título al filme, así como ciertos elementos y tópicos argumentales, no dejan de evocar claramente aquella, de forma, por cierto, mucho más elegante y atmosférica que su prescindible remake, dirigido por Rupert Vainwright en 2005.

Finalmente, Hodgson reaparece de tapadillo en una de las mejores *B-movies* de los años 90, *Deep Rising. El misterio de las profundidades* (*Deep Rising*, 1998), primera y estupenda incursión en el género de horror/aventura de Stephen Sommers, que empaqueta una atmósfera y unas criaturas marinas indudablemente escapadas de las páginas de Hodgson en una trama de acción que debe más, afortunadamente, a Robert E. Howard que al *technothriller* a lo Michael Crichton. Los monstruosos anélidos gigantes que protagonizan la historia y devoran a casi todo el mundo (a destacar la escena del hombre vomitado vivo del estómago de uno de ellos, semidigerido y con la mitad del cráneo y el cuerpo disueltos en una viscosidad corrosiva... Más allá del *gore*, disolución marina hodgsoniana en estado puro), son descendientes directos de "Un horror tropical", y su aparición viene precedida por los ululantes gemidos y sonidos prehistóricos que tantas veces describe Hodgson acosando a sus protagonistas. A riesgo de pasarme de listo, diría también que ese fanático de la *pulp fiction* que es Sommers, cuyos filmes *La Momia* (*The Mummy*, 1999) y *Van Helsing* (2004) están más cerca del Robert E.

Diseño de Rob Bottin para la criatura de *Deep Rising.*
El misterio de las profundidades (1995) de Stephen Sommers

Howard de *Rostro de Calavera* y Solomon Kane que de las películas originales de la Universal, conoce perfectamente la fuente de sus horrores marinos... Además de saber cómo terminar bien una película de monstruos.

Aunque ciertos filmes de terror marítimo como *El barco de la muerte* (*Death Ship*. Alvin Rakoff, 1980), *Leviathan* (George Pan Cosmatos, 1989), *Profundidad seis* (*DeepStar Six*. Sean S. Cunningham, 1989), *La grieta* (Juan Piquer Simón,1990), *Esfera* (*Sphere*. Barry Levinson, 1998), *Virus* (John Bruno, 1999), *Ghost Ship* (Steve Beck, 2002) o *Underwater* (William Eubank, 2020), entre otros, aportan algún que otro momento inevitablemente hodgsoniano (¡es la mar, qué demonios!), es raro que alcancen el nivel de proximidad al autor y su mundo de *Deep Rising*.

Por otra parte, las varias entregas de *Piratas del Caribe* (*Pirates of the Caribbean*), saga más o menos plagiada de la novela *En costas extrañas* (1987) de Tim Powers –con quien se llegó a un acuerdo económico cuando en 2007 Disney compró los derechos de su novela para convertirla en base de la cuarta película de la serie: *Piratas del Caribe: En mareas misteriosas* (*Pirates of the Caribbean: On Stranger Tides*. Rob Marshall, 2011), poniendo fin así a la posibilidad de una demanda por parte del escritor y sus editores– y protagonizadas por Johnny Depp en el papel del capitán pirata más sobreactuado, histriónico y locaza de la historia del cine, recogen mucha de la iconografía fantástica de Hodgson, no tanto los piratas/zombi de la primera, como los pulposos y tentaculados de la segunda, pero siempre dentro de un contexto desenfadado y espectacular, más próximo a la parodia del *swashbuckling* que al horror y la fantasía oscura de nuestro autor.

El sentimiento de tragedia inhumana que planea por algunos de los cuentos más realistas de Hodgson, como "Más allá de la tormenta", aparece impregnando en parte la atmósfera fatalista y semidocumental de *Open Water* (Chris Kentis, 2003), una pequeña película independiente, basada en hechos reales sobre una pareja de submarinistas abandonados por error en medio del Mar Caribe, consumidos lentamente por la desesperación, los tiburones y la negrura de las aguas. Su inesperado éxito conduciría a un alud de imitaciones que ha convertido este estilo hiperrealista y seudodocumental, habitualmente de trágico final, en toda una alternativa minimalista y realista a las fantasías de monstruosos escualos hipertrofiados como la saga de *Megalodon* (2018), basada en las novelas de Steve Alten, aunque derivadas todas, por supuesto, del viejo *Tiburón* (*Jaws*, 1975) de Spielberg y el *best-seller* de Peter Benchley, publicado en 1973. Si no fuera porque su estilo literario e intenciones están en las antípodas de Hodgson o, más bien, nadan en aguas muy distintas, sin duda Benchley, fallecido en 2006, habría sido su más claro descendiente moderno.

EPÍLOGO TERAPÉUTICO

> "La primitiva carencia de forma de la ostra
> ofrece una manera sensual de acceder
> a la arcaica experiencia de la ciénaga".
>
> Camille Paglia, *Sexual Personae.*

Hace un tiempo, de nuevo por motivos profesionales, me encontré pasando casi cuatro horas en el lujoso *spa* de un no menos lujoso y espectacular hotel, al Sur de Las Palmas de Gran Canaria. Allí, sometido a lo que se ha dado en llamar *talasoterapia*, dejé que mi cuerpo se sumergiera en agua caliente y fría, que sudara en saunas y baños turcos, se cubriera de finas nubes de agua helada, se restregara contra nieve artificial y descansara en una piscina con chorros de agua masajeantes... ¡Qué distinto de verse repentinamente rodeado por la amenazadora masa del océano Pacífico, sin nada donde asirte, siquiera visualmente! El agua domesticada, al servicio de los seres humanos, hasta con la ironía de apropiarse de su carácter femenino despojándolo de amenaza alguna (había una sala de relax literalmente uterino, roja y acolchada, mientras casi todas las demás estancias poseían una atmósfera no menos amniótica y maternal). Incluso alguien tan negado como yo, incapaz de nadar, podía dejarse flotar en una piscina salada, auténtica imitación del Mar Rojo a tamaño reducido y manejable. Pero hasta aquí, pensé por un momento perdiendo pie, hundiéndome, chapaleando aterrado ante mi propia torpeza y tragando litros de espantosa agua salada, hasta aquí puede uno ahogarse, puede uno ser atraído a las abisales entrañas de la Gran Madre.

Definitivamente: cuando abandoné la placenta materna di por concluidas mis relaciones cordiales con el líquido elemento. ¿No es curioso que tantos y tantos freaks seamos poco inclinados a la playa, las piscinas y el mar? ¿Qué nos habrá hecho nuestra madre? Aunque yo, a diferencia de Lovecraft, adoro las ostras y el marisco...

Todas las citas del texto referentes a cuentos y novelas de Hodgson, proceden de las ediciones de los mismos publicadas por la editorial Valdemar. A saber:

-*La nave abandonada y otros relatos de horror en el mar*. Valdemar. Col. El Club Diógenes, nº 67. Madrid, 1997. Traducción de Esperanza Castro.

-*La casa en el confín de la Tierra*. Valdemar. Col. El Club Diógenes, nº 93. Madrid, 1998. Traducción de Francisco Torres Oliver.

-*Un horror tropical y otros relatos*. Valdemar. Col. El Club Diógenes, nº 118. Madrid, 1999. Traducción de José María Nebreda.

-*Los piratas fantasmas*. Valdemar. Col. El Club Diógenes, nº 129. Madrid, 1999. Traducción de José María Nebreda.

-*Los botes del Glen Carrig*. Valdemar. Col. El Club Diógenes, nº 180. Madrid, 2002. Traducción de José María Nebreda.

-*Mares tenebrosos. Una antología de cuentos de terror en el mar*. Varios autores. Edición de José María Nebreda. Valdemar. Col. Gótica nº 53. Madrid, 2004. (Incluye dos historias de Hodgson, la inédita "Demonios del mar" y la clásica "Una voz en la noche", aparte de los relatos de seguidores mencionados más arriba y los cuentos también citados de Robert E. Howard y Frank Norris).

*Como se explica en el texto, la única edición íntegra de la novela de ciencia ficción postapocalíptica de Hodgson *The Night Land* es la publicada por Valdemar como *El Reino de la Noche* (Madrid, 2016), en su colección Gótica, con el número 105.

*Las historias del detective ocultista de Hodgson, Carnacki, fueron editadas por Anaya en un volumen, como *Carnacki, el cazafantasmas* (Madrid, 1993), en su ya desaparecida colección de literatura fantástica *Última Thule*. Posteriormente también han sido publicadas por Valdemar como número 84 de su colección Gótica: *Carnacki, el cazador de fantasmas* (Madrid, 2011), en traducción de Lorenzo Díaz.

*Las citas de *Sexual Personae* (Madrid, 2001) de Camille Paglia, proceden de la edición publicada también por la editorial Valdemar, en su colección de ensayo Intempestivas.

*Las de *El horror sobrenatural en la literatura*, de H. P. Lovecraft, del libro *Necronomicón II. La sombra más allá del tiempo*, H. P. Lovecraft. Barral Editores. Barcelona, 1974. Existen numerosas ediciones posteriores de este ensayo fundamental, generalmente acompañadas de notas y estudios preliminares, entre ellas las publicadas por Edaf, Eneida, Gárgola, Alianza, Fontana y, por supuesto, por Valdemar (Madrid, 2010), esta última traducida, comentada y anotada extensamente por Juan Antonio Molina Foix, con el título *de El horror sobrenatural en la literatura y otros escritos teóricos y autobiográficos*, como número 80 de la colección Gótica.

*Las de *Historia natural de los cuentos de miedo* de Rafael Llopis, de su edición en Júcar. Madrid, 1974. Existe edición posterior de la editorial Talleres de Escritura Creativa Fuentetaja (Madrid, 2013).

*La mayor parte de los datos biográficos del presente ensayo proceden de la biografía de Hodgson escrita por Sam J. Moskowitz e incluida en *Out of the Storm. Uncollected Fantasies by William Hope Hodgson*. Donald M. Grant, Publisher. West Kingston, Rhode Island, 1975.

*También se han consultado los libros Horror *100 Best Books*, editado por Stephen Jones y Kim Newman. Carroll & Graf Publishers. New York, 1988; y *Lovecraft. Una biografía*, de L. Sprague de Camp. Valdemar. Col. El Club Diógenes nº 183. Madrid, 2002. Reedición en la col. Intempestivas. Madrid, 2024.

Introducción a "Una voz en la noche"

Jesús Palacios

Posiblemente "The Voice in the Night" sea el más famoso, reconocible y reconocido relato de William Hope Hodgson. Publicado por primera vez en el *Blue Book Magazine*, en su número de noviembre de 1907, ejemplifica como pocos tanto el estilo y temas característicos de su autor como nuestro análisis y conclusiones a partir de los mismos, por lo que nos parecía más que justo y necesario incluirlo aquí como colofón e ilustración perfecta de nuestras tesis.

Tanto desde el punto de vista de la técnica narrativa como del de su argumento, historia y personajes, está considerado sin duda uno de los mejores relatos de horror de la literatura moderna. Aunque a menudo se lo incluye o etiqueta como terror sobrenatural, volvemos sobre nuestros pasos para recordar al lector que se trata, de hecho, de todo lo contrario: de un cuento de horrores naturales, donde el terror procede de una especie fúngica desconocida, un misterioso y exótico hongo altamente contagioso, pero que en absoluto se trata de criatura ultramontana, mágica, celestial o infernal alguna.

En este sentido es, clara u oscuramente, un relato de ciencia ficción terrorífica, en la medida en la que no intervienen en él seres diabólicos, sobrenaturales o fantásticos, sino especies que, aún ignoradas por la ciencia, pueden ser perfectamente explicadas por esta. Por supuesto, su monstruosidad fungosa pertenece al reino de una biología imaginaria pero perfectamente materialista, aunque no sepamos exactamente si situarla dentro de la botánica oculta, que diría Joan Perucho, o de la zoología fantástica de Borges y Margarita Guerrero. Los hongos, como bien saben naturalistas y biólogos, son criaturas extrañas, aunque no vengan de Yuggoth.

Su estructura narratológica y estilo en primera persona no sólo influirían decisivamente en Lovecraft y otros cultivadores (nunca mejor dicho) del género, sino que lo han hecho perfecto y favorito para las adaptaciones radiofónicas. Uno de mis primeros tropiezos con "Una voz en la noche" fue, precisamente, escucharlo ya de noche con mis padres, reunida toda la familia alrededor del aparato de radio, aunque no recuerdo bien si se trataba de uno de los programas radiofónicos dirigidos por Narciso "Chicho" Ibáñez Serrador, como *Historias para imaginar*, o de los realizados por su colaborador ocasional y estupendo escritor español del género fantástico Juan José Plans, como *Historias de RNE*, en la época dorada del radioteatro nacional. Desgraciadamente, muchos episodios de ambos programas, así como de otros radioteatros y radionovelas de aquel entonces, han sido borrados por completo de los archivos existentes, por lo que me ha sido imposible comprobarlo. Entre aquellos episodios que figuran y aún pueden escucharse en las bases de datos de Radio Nacional de España, la página web de Plans, además de *podcasts* y otras *webs* esforzadamente mantenidas por los aficionados, no he conseguido localizar ninguno que adapte "Una voz en la noche". Pero estoy bien seguro de que mi memoria no me engaña. Los primeros miedos nunca se olvidan.

También la pantalla, pequeña y grande, se ha aproximado a "Una voz en la noche" al menos en dos ocasiones. Por un lado, como detallamos más arriba, en la curiosa y lograda producción cinematográfica nipona *Matango*, dirigida por Ishiro Honda en 1963 y que, al decir de muchos, supo conectar el horror biológico y fungoso de la historia original con los terrores mutantes producto de las masacres nucleares de Hiroshima y Nagasaki, así como con el misterio marítimo de moda en la época: las desapariciones de barcos y aviones en el fatídico Triángulo de las Bermudas. El guion se basa, de hecho, en una historia aparecida en la considerada como primera revista japonesa de ciencia ficción, *S-F Magazine*, que comenzó a publicarse en 1960 editada por el traductor, escritor y crítico del género Masami Fukushima (fatídico apellido), en realidad una especie de "japonización" del cuento de Hodgson.

Como ya se dijo, la película sigue con notable fidelidad la historia original, si bien añadiendo un reparto mayor de personajes y más incidentes, para conseguir suficiente entidad como largometraje. Entre los *fans* del filme, que se estrenó directamente en televisión en los Estados Unidos con el discreto título de *Attack of the Mushroom People*, se encuentran Steven Soderbergh, John Carpenter y Nicolas Cage, tentados todos en algún momento por la idea de realizar un *remake* del mismo, lo que quizá afortunadamente todavía no ha ocurrido.

Algunos años antes, la serie de televisión *Suspicion* (1957-1958), conocida en España como *Suspenso*, la mitad de cuyos capítulos fueron producidos (y alguno de ellos dirigido) por Alfred Hitchcock, ofreció en su episodio número 24 una muy fiel versión del relato, producida por la compañía de Hitchcock, Shamley Productions, dirigida por Arthur Hiller, con guion de Stirling Silliphant y un reparto que incluía a Barbara Rush, James Donald, Patrick Macnee y James Coburn, siendo emitida en 1958. Los japoneses volverían de nuevo a manifestar su pasión fungosa por Hodgson, adaptando otra vez el cuento como episodio 229 de la serie de anime Naruto: *Shippuden* (2007-2017), secuela de la popular *Naruto* (2002-2007), basada en el manga del mismo nombre creado por Mashashi Kishimoto. Aquí, por supuesto, la idea y la trama se acoplan a las aventuras de un Naruto adolescente que se tropieza con los fatídicos hongos mientras está de pesca con sus amigos.

También el cómic se ha sentido atraído por este clásico del terror marítimo y biológico, pionero del *body horror* más visceral y contagioso. De forma convicta e inconfesa es inspiración directa para la historieta "Forbidden Fruit" de los guionistas Bill Gaines y Al Feldstein y el ilustrador Joe Orlando, donde los náufragos son ahora aviadores y el hongo es sustituido por el fruto corruptor de un árbol igualmente exótico. Apareció en el número nueve de la revista *The Haunt of Fear*, de agosto de 1951, publicada por la mítica y maldita EC Comics de 1950 a 1954, hasta que la cruzada del psicólogo conductista y populista Frederic Wertham y el senador del partido Demócrata, Estes Kefauver, pusieran fin a su reinado. Esta historia serviría sin duda a su vez de inspiración a Richard Corben para su cómic "Raíces en el infierno", incluido en su álbum recopilatorio de 2018 *Sombras en la tumba*, publicado al año siguiente en nuestro país por Planeta DeAgostini.

Nuestro cuento volvería a convertirse en punto de partida para la creación de uno de los villanos "elementales", fungoso y contagioso, de la serie de cómic protagonizada por La Cosa del Pantano, el descaradamente bautizado como *Matango* por su introductor, el guionista Doug Wheeler –quien se ocupó de *La Cosa creada* por Len Wein y Bernie Wrightson de 1982 a 1996–, en colaboración con el también escritor Steve Bissette y los artistas Mike Hoffman, Pat Broderick y Alfredo Alcala, en el *Swamp Thing Annual* Vol. 2, n.º 4, de noviembre de 1988.

Sin embargo, su más reciente y fiel versión en viñetas será, curiosamente, obra de un maestro español de la historieta: el veterano Carlos Giménez, que adapta el relato junto a otro de los mejores cuentos del autor, "La nave abandonada", en el volumen *Una voz en la noche*, publicado por Reservoir Books en 2024, merecedor de excelentes críticas.

La influencia seminal, término más que adecuado, de "Una voz en la noche" se ha hecho sentir desde los tiempos de Lovecraft en numerosos autores y obras del género fantástico y de terror. Los cuentos "Materia gris" (1973) de Stephen King, recogido en su antología *El umbral de la noche* (1978), o "Cuerpos fructíferos" de Brian Lumley, que ganó el British Fantasy Award en 1989, incluido en su libro *Cuerpos fructíferos y otros hongos*, publicado por ediciones Jaguar en 2008, son buena prueba de ello. De dimensiones épicas, la trilogía *Los señores del cielo* (1988), editada en español por Grijalbo en 1992, del fallecido autor australiano John Brosnan, lleva hasta sus límites la idea presentada primero en su novela *The Fungus* (1985), publicada con el seudónimo de Harry Adam Knight, acerca de un futuro de mutaciones genéticas enloquecidas y contagiosas, entre ellas hongos devoradores que asimilan a todo el que pillan por delante. Plaga fúngica muy similar también a la que caracteriza el popular videojuego de ciencia ficción apocalíptica *The Last of Us* (2013), convertido por su parte en serie televisiva de cierto éxito.

Más allá del concepto fungoso mismo, "Una voz en la noche", al tiempo y a la vez que la cómplice *Matango* y sus derivados, siembra el contagioso camino hacia toda una serie de mutaciones de origen más o menos vegetal, arbóreo y seminal (por simiente más que por semen, aunque todo está, por supuesto, íntimamente relacionado), que se han ido adueñando poco a poco de buena parte del género de horror, fantasía oscura y ciencia ficción extraña del siglo XXI. Hay algo, poco o mucho, de este terror primigenio a la disolución y la asimilación de cuerpo y mente humanos por parte de organismos vegetales en novelas como *Melanie* (2014) de Mike Carey, publicada en España en 2015 por Timun Mas y eficazmente adaptada a la pantalla como *Melanie: La chica con todos los dones* (*The Girl with All the Gifts*, 2016) por Colm McCarthy; en la popular trilogía literaria iniciada por Jeff VanderMeer el mismo 2014 con *Aniquilación* (también llevada al cine en 2018, por Alex Garland, y editada en nuestro país por Destino en 2015); o en el reciente film postapocalíptico *El final de nuestros días* (*Die Alone*, 2024), del canadiense Lowell Dean, por citar algunos ejemplos. En todos ellos y algunos otros la aparición de mutaciones vegetales altamente contagiosas se utiliza para renovar el género zombi o el distó-pico-apocalíptico, recurriendo al temor y el horror que provoca en nosotros esta disolución de la identidad física y mental del ser humano, convertido en una masa vegetal indiferenciada y apenas semoviente. También como adver-tencia simbólica y ominosa, contagiada de la actual pasión milenarista por el veganismo, el animalismo y el ambien-talismo extremos, siniestro aviso de una posible y cercana venganza de la Madre Tierra sobre la raza humana, consi-derada como poco más que una suerte de parásito des-tructivo que amenaza agotar sus recursos, con la misma moral o conciencia que un pulgón.

Tendencias que han reinado y siguen haciéndolo en el género de terror, la ciencia ficción *ciberpunk* y el fantásti-co más extraño (o weird, si se prefiere el anglicismo de nuevo tan de moda), como el *body horror* y la Nueva Carne, son prefiguradas y penetran con vigor en nuestro imaginario a través del cuento de Hodgson. De "Una voz en la noche" hasta *Música en la sangre* (1985) de Greg Bear, publicada en 1987 en España por Ultramar o *Presa* (2002) de Michael Crichton, editada por Plaza y Janés en 2003, existe una línea directa que conecta los hongos ficticios pero "naturales" que medran contagiosos y destructivos (al menos para el ser humano, no desde su punto de vista, como diría David Cronenberg) en islas y continentes flo-tantes perdidos en océanos desconocidos, con la nanotecnología, los virus, artificiales o no, que se han extendido a nuestro alrededor, tanto en la ficción como en la realidad, y un renovado horror a la disolución de nuestro ser en un Otro indiferenciado, licuefacto, derretido y refundido en algo más allá y más acá de la carne y la mente humanas.

Leer o releer hoy "Una voz en la noche", más de cien años después de su aparición, ilumina con el fosforescente brillo de sus hongos infectos e infecciosos el éxito de películas como *Cabin Fever* (2002) de Eli Roth, *Las ruinas* (2008) de Carter Smith, según la novela de Scott Smith, *Splinter* (2008) de Toby Winter, *Cold Skin* (2017) de Xavier Gens, basada en la superior novela de Albert Sánchez Piñol, e incluso hasta cierto punto de *La sustancia* (*The Substance*, 2024) de Coralie Fargeat, más allá de sus satíricas implicaciones feministas.

Ofrecemos el relato "Una voz en la noche" en la traducción de José María Nebreda, procedente de su antología, varias veces citada, *Mares tenebrosos. Una antología de cuentos de terror en el mar*. El lector juzgará al internarse en sus contagiosos párrafos si algo de lo que aquí hemos dicho tiene algún sentido o no, pero también, como expresa su traductor e introductor original, José M.ª Nebreda, si "...no es difícil imaginar que estamos apoyados en el pretil de popa, con el viento agitándonos el cabello y las olas rompiendo sobre el caso del buque, observando con ojos asombrados esa enorme región de algas, salpicada de extraños seres monstruosos, que se extiende a nuestro alrededor".

Y quizás, solo quizás, al terminarlo sintamos también alguna inquietud por ese ligero sarpullido que parece haber surgido de la nada sobre nuestra espalda, nuestra mano o entre los dedos de los pies, después de haber vuelto de la playa, la piscina del hotel, las duchas del gimnasio o de tomar una pizza con champiñones de procedencia dudosa. Pero no se preocupen: seguro que en un par de días desaparece.

Una voz en la noche

William Hope Hodgson

Debido a la ausencia total de viento, habíamos fijado la caña del timón y, en ese momento, me encontraba solo en la cubierta. La tripulación, formada tan sólo por dos hombres y un muchacho, dormía en la cabina de proa, y Will –mi amigo y patrón de nuestro pequeño barco– se encontraba en la parte de babor del diminuto camarote de popa.

De pronto, escuché un saludo que surgió de entre la oscuridad que nos rodeaba.

–¡Ah de la goleta!

La sorpresa que me causó aquel inesperado grito fue tal que no acerté a contestar al instante.

El grito volvió a repetirse; lo producía una voz extraña, profunda, casi inhumana, y provenía de algún lugar de entre las tinieblas marinas que nos circundaban, por el costado de babor: –¡Ah de la goleta!

–¡Hola! –respondí, una vez hube salido de mi aturdimiento inicial–. ¿Quién es? ¿Qué quiere?

–No tiene nada que temer –respondió la extraña voz, que seguramente había advertido cierto tono de sorpresa en mis palabras–. Sólo soy un pobre… viejo.

Aquella pausa entrecortada me resultó bastante extraña; sólo más adelante comprendí su verdadero significado.

–Entonces, ¿por qué no se acerca un poco más al barco? –le pregunté con firmeza, pues no me había hecho gracia que se hubiera dado cuenta de mi turbación.

–Yo… yo… no puedo. Resultaría peligroso. Yo… –la voz se quebró y volvió a reinar el silencio.

–¿Qué quiere decir? –pregunté, cada vez más asombrado–. ¿Por qué habría de ser peligroso? ¿Dónde está usted?

Quedé a la escucha durante un rato, pero nadie respondió. Entonces, espoleado por una repentina aunque imprecisa sospecha, me dirigí a toda velocidad a la bitácora y así el farolillo. Al mismo tiempo golpeé varias veces con el tacón sobre la cubierta para despertar a Will. Pronto estuve de nuevo junto a la borda, levanté el farol y proyecté un haz de amarillenta luz sobre la silenciosa inmensidad que se extendía al otro lado de la barandilla. Entonces escuché un grito entrecortado y sordo, seguido de un breve chapoteo, como si alguien hubiera hundido los remos en el agua precipitadamente. Pero, aparte de eso, no podría decir que hubiera visto nada, aunque en un primer momento tuve la sensación de que allí había habido algo flotando sobre el mar, algo que acababa de desaparecer.

–¡Eh, oiga! –grité–. ¡Se puede saber qué clase de broma es ésta!

Pero la única respuesta que obtuve fue el rumor hueco de un bote de remos perdiéndose en la noche.

Luego oí la voz de Will que salía a través de la escotilla de popa:

–¿Qué sucede, George?

–¡Sube, Will! –le dije.

–¿Qué quieres? –preguntó mientras se acercaba andando por la cubierta.

Le conté el extraño incidente. Me preguntó sobre ciertos detalles; después nos quedamos en silencio. Al cabo de un rato, Will se llevó las manos a la boca y gritó:

–¡Ah, los del bote!

Escuchamos una voz apagada que provenía de bastante lejos y mi amigo repitió la llamada. Poco después, tras un corto silencio, volvimos a escuchar el sordo chapoteo de unos remos que se acercaban y Will volvió a gritar.

En esta ocasión sí se produjo una respuesta:

–Aparten esa luz.

–Debe estar loco si se cree que voy a hacerlo –murmuré; pero Will me indicó con un gesto que la apartara, así que la deposité sobre la cubierta, tras las amuradas.

–Acérquese –le pidió Will, y volvimos a escuchar el chapoteo de los remos. Luego, cuando el bote debía encontrarse a unos seis metros de distancia, el sonido cesó.

–Arrímese al costado del barco –exclamó Will–. ¡No tiene por qué recelar de nosotros!

–¿Me prometen que no volverán a sacar la luz?

–¿Qué le pasa? –estallé–. ¿Por qué tiene un miedo tan atroz a la luz?

–Es debido a… –comenzó la voz, pero se detuvo bruscamente.

–¿Debido a qué? –pregunté enseguida.

Will me puso la mano en el hombro.

–Espera un momento, hombre –me susurró al oído–. Déjame a mí.

Mi amigo se inclinó un poco más sobre la borda.

–Escuche, caballero –dijo–, comprenda que se trata de un asunto un tanto extraño: usted, llegando de esta manera hasta nuestra embarcación, que está varada en mitad del bendito Océano Pacífico. ¿Cómo podemos estar seguros que no se trata de un truco? Usted dice que viene solo; ¿cómo vamos a creerle si no nos deja echarle un vistazo? Y, además, ¿qué tiene en contra de la luz?

Cuando Will terminó de hablar, volví a escuchar el chapoteo de los remos seguido de la voz, pero esta vez ambos sonidos llegaban de más lejos y las palabras del extraño sonaron patéticas, como si estuviera al borde de la desesperación.

–¡Perdonen… perdonen! No debería haberles molestado… pero es que estoy tan hambriento, y… y ella también.

La voz se perdió en la noche mientras los remos, con un ritmo regular, volvieron a chapotear sobre las aguas.

–¡Deténgase! –gritó Will–. No quiero que se vaya. ¡Regrese! No sacaremos la luz, si eso le molesta.

Se volvió hacia mí.

–Esta situación es condenadamente absurda, pero supongo que no corremos ningún riesgo.

Su tono de voz era más bien interrogante, así que le di mi opinión:

–No. Me da la sensación de que el pobre diablo ha debido naufragar cerca de aquí y, al parecer, ha perdido el juicio.

El sordo chapoteo de los remos se acercó de nuevo.

–Vuelve a poner el farolillo en la bitácora –dijo Will.

Mi amigo se asomó por encima de la barandilla y se quedó a la escucha. Dejé el farolillo en su sitio y regresé junto a él. El chapoteo de los remos se detuvo a unos diez metros del casco del barco.

–¿No va a acercarse al costado ahora? –le preguntó Will en un tono conciliador–. He ordenado que vuelvan a poner el farolillo en la bitácora.

–Yo… no puedo –respondió la voz–. No me atrevo a acercarme más. Ni tan siquiera creo que pueda pagarles las… provisiones.

–No se preocupe… –le dijo Will dubitativo–. Cuente con todos los víveres que pueda acarrear… –y volvió a dudar.

–Es usted muy generoso –exclamó la voz–. El buen Dios, que todo lo comprende, sabrá recompensarle… –concluyó en un tono entrecortado.

–¿Y la… señora? –le soltó Will de repente–. ¿Está con…?

–Se ha quedado en la isla –dijo la voz.

–¿Qué isla? –le espeté.

–No sé cómo se llama –respondió–. ¡Quiera Dios que…! –exclamó, pero enseguida reprimió sus palabras.

–Podríamos mandar un bote y traerla aquí –sugirió Will entonces.

–¡No! –atajó la voz, extraordinariamente alarmada–. ¡No, por Dios!

Se produjo un silencio, y después añadió, como queriendo justificarse:

–Me arriesgué a venir acuciado por nuestra situación de extrema necesidad… porque ya no podía seguir soportando su agonía.

–Lo siento; me he portado como un patán insensible –exclamó Will–. Espere un segundo, quienquiera que sea, y veré qué puedo conseguirle.

Mi amigo regresó al cabo de unos minutos cargado con diversas conservas, y se detuvo un momento sobre la barandilla.

–¿No va a acercarse a recogerlas? –preguntó.

–No… no me atrevo –tartamudeó la voz, y me pareció advertir en ella una especie de ansiedad contenida, como si el que así hablaba reprimiera un deseo irresistible. En ese instante pude darme cuenta de que el anciano que se ocultaba en la noche, en medio de aquella oscuridad, sufría una auténtica necesidad de lo que Will traía en los brazos, pero que, por alguna razón inexplicable, reprimía el impulso de acercarse al costado del barco. Aquella repentina revelación me llevó a pensar que en realidad nuestro invisible visitante no estaba loco, sino que debía de estar soportando con gran entereza un horror indescriptible.

–¡Por favor, Will! –exclamé, dominado por una mezcla de sentimientos confusos entre los que prevalecía una profunda compasión–. Mete todo en una caja y echémosla al agua para que le llegue flotando.

Y eso es lo que finalmente hicimos: tiramos la caja y la empujamos con un bichero hacia la oscuridad. Al cabo de un minuto oímos un grito entrecortado que provenía del misterioso visitante, prueba evidente de que le había llegado el cajón.

Poco después se despedía, dirigiéndonos una bendición tan sentida que sin duda resultó más que reconfortante para nuestros espíritus. Acto seguido, sin más ceremonias, hundió los remos en el agua y se sumergió en la oscuridad.

–Se ha ido bien pronto –apuntó Will, que parecía sentirse un poco ofendido por este hecho.

–Espera un poco –le contesté–. Algo me dice que volverá. Parece que tenía una tremenda necesidad de alimentos.

–¿Y la mujer? –preguntó Will. Se quedó en silencio durante un rato y luego añadió:

–Es lo más raro que me ha pasado desde que me dedico a la pesca.

–Sí –dije y me quedé pensativo.

La noche siguió deslizándose, hora tras hora, y Will continuaba a mi lado. Aquel extraño suceso le había desvelado por completo.

Estaba a punto de finalizar la tercera hora cuando volvimos a escuchar el chapoteo de unos remos en mitad del silencioso océano.

–¡Escucha! –dijo Will, conteniendo la excitación.

–Regresa, tal y como lo imaginaba –murmuré.

El sordo chapoteo de los remos se aproximaba y me dio la sensación de que ahora las paladas resonaban más largas y regulares. La comida ya había producido efecto.

El rumor se detuvo a corta distancia de nuestra embarcación y aquella voz peculiar volvió a elevarse entre las tinieblas.

–¡Ah de la goleta!

–¿Es usted? –preguntó Will.

–Sí –respondió la voz–. Tuve que irme enseguida porque… porque realmente estábamos muy necesitados. La… señora se ha quedado en tierra y les está muy agradecida. Dentro de poco estará aún más agradecida en… el cielo.

Will empezó un amago de respuesta con voz nerviosa, pero titubeó y se detuvo bruscamente. Yo guardé silencio.

Me intrigaban las extrañas pausas con las que se expresaba nuestro visitante y, aparte de la curiosidad, en ese momento también me invadía una profunda compasión.

La voz prosiguió:

–Nosotros… ella y yo, hemos estado hablando mientras disfrutábamos de los presentes de la caridad de Dios y de la de ustedes…

Will le interrumpió con palabras un tanto incoherentes.

–Le ruego que… no le quite importancia al gesto de caridad cristiana que ha tenido conmigo esta noche –dijo la voz–. Puede estar seguro de que Él se lo tendrá en cuenta.

Después se produjo un silencio que se prolongó durante un minuto, al cabo del cual volvió a oírse la voz:

–Hemos estado hablando de… de lo que nos ocurrió. Habíamos decidido llegar hasta el final sin contarle a nadie el horror que invadió nuestras… vidas. Ella opina, y yo también, que lo que ha sucedido esta noche es algo muy especial, un signo de que Dios desea que les revelemos todo lo que hemos tenido que pasar desde… desde…

–¿Desde qué? –preguntó Will con deferencia.

–Desde que se hundió el Albatros.

–¡Ah! –exclamé involuntariamente–. Ese barco zarpó hace seis meses de Newcastle con rumbo a Frisco y desde entonces no se ha sabido nada de él.

–Sí –confirmó la voz–. Pero a unos grados al norte del Ecuador se vio envuelto en una espantosa tormenta y quedó desarbolado. Con las primeras luces del alba se descubrió una considerable vía de agua y, horas después, cuando retornó la calma, los marineros escaparon en los botes, abandonando... abandonando a una mujer joven, mi prometida, y a mí en un barco que se hundía.

"Estábamos abajo, recogiendo parte de nuestro equipaje, cuando nos abandonaron. El pánico les hizo perder toda consideración humanitaria y, cuando regresamos a la cubierta, nos encontramos con que los botes ya estaban muy lejos, como unas pequeñas siluetas que se recortaban en el horizonte. Pero no perdimos la esperanza, y decidimos construir una balsa. Una vez que estuvo terminada, cargamos en ella lo más imprescindible, debido a su escasa capacidad, varios recipientes con agua y unas provisiones de galletas marinas. Cuando la nave estaba ya casi totalmente anegada por el agua, subimos a la balsa y la impulsamos lejos del casco del barco.

"Poco después me di cuenta de que la balsa seguía alguna especie de corriente o marea que nos alejaba del navío. Tres horas después, según mi reloj, el casco había desaparecido bajo las aguas, aunque los mástiles tronchados permanecieron todavía a la vista durante algún tiempo. Al atardecer el tiempo se tornó brumoso y así continuó durante toda la noche. A la mañana siguiente aún nos encontrábamos inmersos en la niebla y el viento y el mar seguían en calma.

"Durante cuatro días flotamos a la deriva en medio de aquella extraña bruma, hasta que, la noche del cuarto día, empezamos a escuchar un rumor de olas que rompían a lo lejos. Aquel rumor se fue haciendo más y más claro y, pasada la medianoche, comenzamos a oírlo a ambos lados de la balsa con cierta intensidad. Poco después entramos en una zona de oleaje que hacía subir y bajar la balsa hasta que, al fin, el rugido de las rompientes quedó atrás y tocamos aguas tranquilas.

"Cuando llegó el día, descubrimos que habíamos llegado a una especie de enorme bahía, aunque en un primer momento no nos lo pareció porque, a corta distancia de nuestra balsa y semioculto en la niebla, se alzaba el casco de un gran barco velero. Mi prometida y yo nos pusimos de rodillas y dimos gracias a Dios ante lo que creímos sería el fin de nuestros infortunios. Aún nos quedaba mucho que aprender.

"La marea nos acercó a la nave y empezamos a gritar para que nos subieran a bordo, pero nadie respondió a nuestras llamadas. Al cabo de un rato la balsa chocó contra el costado del buque y descubrimos un cabo que colgaba de lo alto. Me así a él e intenté trepar, cosa que no resultó nada fácil, pues estaba impregnado de un hongo gris y mohoso que también teñía de un color violáceo el costado del barco.

"Finalmente me aupé hasta la barandilla superior, la sorteé y me encontré sobre la cubierta. Una buena parte de la superficie exterior de los puentes se hallaba también invadida por aquella materia gris, que formaba grandes manchas y concentraciones de uno o dos metros de espesor. Aunque en aquel momento no le di una especial importancia, pues tan sólo me preocupaba la posibilidad de encontrar seres vivos a bordo. Llamé, pero no obtuve ninguna respuesta. Me acerqué al portalón que daba acceso al castillo de popa, lo abrí y miré dentro. El interior despedía un intenso hedor a cerrado, por lo que deduje que allí dentro no podía haber nada vivo y cerré rápidamente la puerta; de pronto me había invadido un profundo sentimiento de soledad.

"Regresé enseguida a la barandilla por la que había accedido al barco. Mi… mi amada me esperaba tranquilamente sentada en la balsa. Cuando vio que me asomaba por encima de la borda me preguntó si había encontrado a alguien a bordo. Le dije que el barco tenía aspecto de llevar abandonado desde hacía mucho tiempo, pero que intentaría encontrar una escala o algo parecido para que pudiera subir a la cubierta y así inspeccionar juntos la nave. Al poco de iniciar la búsqueda encontré una escala de cuerda que colgaba del costado opuesto. La trasladé a la barandilla e, instantes después, mi prometida se encontraba a mi lado.

"Recorrimos juntos los camarotes y compartimentos de popa, pero no encontramos el menor indicio de vida en ellos. Por todas partes, incluso dentro de los camarotes, se habían extendido las manchas de aquel extraño hongo; pero no importaba mucho porque, como dijo mi amada, se podía limpiar.

"Cuando nos convencimos de que el castillo de popa estaba vacío, nos dirigimos a la proa, sorteando las repugnantes concentraciones de aquel extraño cultivo. En la proa llevamos a cabo una inspección más minuciosa, tras la cual no nos quedaron dudas de que estábamos completamente solos a bordo.

"Después de asegurarnos a este respecto, volvimos a la parte posterior del barco, buscamos un lugar adecuado y lo acondicionamos lo mejor que pudimos. Limpiamos y arreglamos dos camarotes y después recorrí la nave para ver si encontraba víveres. Tuvimos suerte, y le di las gracias a Dios de todo corazón por ello. También encontré la bomba de agua potable y, tras una pequeña reparación, descubrí que el agua que manaba de ella se podía beber, aunque tenía un regustillo desagradable.

"Permanecimos varios días a bordo sin acercarnos a la costa. Nos dedicamos a acondicionar el lugar para hacerlo lo más habitable posible. Pero enseguida comprobamos que nuestra suerte no resultaba tan propicia como habíamos imaginado: aquellas manchas mohosas y grises que con tanto esmero habíamos raspado de las paredes y los suelos de los camarotes y del salón se reproducían en los mismos lugares y casi con el mismo tamaño de antes al cabo de tan sólo veinticuatro horas; este contratiempo no sólo nos desmoralizaba, sino que nos producía un indefinible desasosiego.

"Pero no nos dimos por vencidos tan fácilmente. Volvimos a raspar los brotes del mohoso hongo y esta vez rociamos también con ácido fénico los espacios que ocupaban, aprovechando que habíamos encontrado una lata en la despensa. Sin embargo, unos días más tarde, el hongo gris volvió a brotar con renovado brío y además se extendió a otros lugares. Parecía como si al manipularlo hubiéramos facilitado su desplazamiento y expansión.

"Al séptimo día, mi amada descubrió al despertar una mancha del hongo que crecía sobre la almohada, muy cerca de su rostro. Se vistió rápidamente y vino a mi encuentro. Yo estaba en la cocina, encendiendo el hornillo para preparar el desayuno.

"–Ven un momento, John –me dijo, y la seguí hasta la popa. Cuando contemplé aquel brote en la almohada sentí un escalofrío, y en aquel preciso momento decidimos abandonar inmediatamente el barco y trasladarnos a la playa, donde probablemente estaríamos más cómodos.

"Recogimos en un momento todas nuestras cosas y descubrí que tampoco ellas se habían librado del hongo; una mancha incipiente se extendía sobre uno de los chales de mi amada. Lo cogí y lo arrojé por encima de la borda sin que ella se diera cuenta.

"Nuestra balsa no se había apartado del costado del buque, pero como resultaba demasiado rústica para maniobrar adecuadamente con ella, solté un pequeño bote salvavidas que colgaba amarrado a la popa y pusimos rumbo a la playa. Conforme nos aproximábamos a la costa me fui dando cuenta de que el hongo nefasto que nos había obligado a abandonar la nave crecía allí libre y exuberante. En algunas zonas se habían formado amontonamientos espantosos, inimaginables, y cuando eran azotados por el viento, palpitaban y se estremecían como animados por una vida misteriosa. En muchas partes adoptaban la forma de dedos gigantescos y en otras se extendían como una capa uniforme, despejada y traicionera. Finalmente, también crecía en algunos sitios con la apariencia de árboles grotescos y rechonchos, terriblemente retorcidos y nudosos... Toda aquella extraña flora se estremecía perversamente de tanto en tanto.

"Nuestra primera impresión fue que toda la extensión de la costa estaba inundada por la floración de aquel hongo siniestro. Pero, poco después, nos dimos cuenta de que estábamos equivocados, pues según recorríamos el litoral en el bote, a escasos metros de la playa, divisamos una superficie blanca que nos pareció arena fina, y arribamos a ella. No era arena. En realidad no sé lo que era. Lo único que sabemos es que en esa superficie no crece el hongo, a diferencia del resto de la isla donde, salvo en las pequeñas zonas ocupadas por esa especie de arena, formando senderos y pequeños claros cercados por la desoladora vegetación del hongo, no se encuentra otra cosa que una abominable exuberancia grisácea.

"Les sería difícil comprender hasta qué punto nos sentimos felices por haber encontrado un lugar totalmente libre del hongo. Dejamos allí nuestras pertenencias y volvimos al barco para coger todo lo que pudiera sernos de utilidad. Logré hacerme incluso con una vela de la nave, con la que improvisé dos tiendas que nos sirvieron de refugio. Guardamos nuestras cosas y nos instalamos en ellas. Transcurrieron así cuatro semanas sin contratiempos; a decir verdad fueron semanas muy felices… porque… porque estábamos juntos.

"Fue en el pulgar de su mano izquierda donde el hongo apareció por primera vez. No era más que una mancha, semejante a un lunar gris. ¡Cielo santo! ¡Fue terrible la angustia que invadió mi espíritu cuando me lo enseñó! Limpiamos y desinfectamos la manchita con ácido fénico. Al día siguiente examinamos el dedo de nuevo. El lunar gris había reaparecido. Nos quedamos en silencio mirándonos a los ojos. Luego, sin decir palabra, repetimos la operación de limpieza. Antes de concluir, ella rompió el silencio:

"–¿Qué tienes en este lado de la cara, cariño? –su voz sonó aguda a causa de la ansiedad. Me llevé la mano al rostro–. ¡Ahí!, junto a la oreja, debajo del pelo… Un poco más arriba –mi dedo se posó finalmente en el lugar indicado y entonces supe de qué se trataba.

"–Acabemos de limpiar primero tu lunar –le dije, y ella consintió, porque no quería tocarme hasta que no estuviera desinfectada. Una vez que le hube lavado y desinfectado el dedo, ella se ocupó de hacer lo mismo en mi cara. Luego nos sentamos y estuvimos hablando seriamente de muchas cosas, porque habían empezado a acosarnos pensamientos terribles. El miedo a morir ya no era nuestra principal preocupación; podían ocurrirnos cosas peores. Pensamos en la posibilidad de cargar el bote con alimentos y agua y hacernos de nuevo a la mar. Pero estábamos indefensos en muchos sentidos y además… además ya nos encontrábamos contaminados por el hongo. Finalmente decidimos quedarnos en la isla y que se hiciera la voluntad de Dios. Optamos por esperar.

"Pasó un mes, dos, tres meses; nuestras manchas se extendieron y aparecieron otras nuevas. Pero no nos dejamos vencer fácilmente por el miedo y el avance del hongo resultaba muy lento, dentro de lo que cabía esperar.

"A veces íbamos hasta la nave para traer algunas provisiones que necesitábamos. En estas excursiones pudimos comprobar que los brotes crecían allí de manera incesante. Uno de ellos, que se extendía por la cubierta principal, se había desarrollado hasta alcanzar la altura de mi cabeza.

"En aquellos días comprendimos que jamás saldríamos de la isla. El hongo nos había contaminado y en el futuro debíamos evitar todo contacto con seres humanos no infectados.

"Ante esta perspectiva, llegamos a la conclusión de que debíamos racionar las provisiones y el agua; aún desconocíamos que no podríamos vivir muchos más años.

"Por cierto, antes les dije que era un hombre viejo. No se puede decir que lo sea si tenemos en cuenta mi edad, pero… pero…

La voz se quebró en su garganta, pero enseguida se repuso y continuó su relato bruscamente:

–Como les decía, decidimos racionar nuestras reservas de alimentos, pero en ese momento todavía no sabíamos lo escasas que eran. Unas semanas después descubrí que todos los depósitos de pan que no habíamos abierto, y que creí llenos, estaban vacíos, y que no teníamos más provisiones que unas cuantas latas de carne y vegetales y algunas conservas, aparte del pan que quedaba en el depósito que habíamos abierto.

"A la vista de esta escasez pensé en la manera de conseguir más alimentos. Intenté pescar en la bahía, pero fue

inútil. Este nuevo contratiempo me sumió en la desesperación, hasta que se me ocurrió intentarlo mar adentro, más
allá de la bahía.

"Estas incursiones en el mar resultaron mucho más
fructíferas, pero lo que conseguía pescar resultaba insufi-
ciente para apaciguar el hambre que nos acuciaba.
Entonces empecé a pensar que nuestro final llegaría de la
mano del hambre y del hongo que había infectado nuestros cuerpos.

"Ése era nuestro estado de ánimo cuando se cumplió el
cuarto mes de estancia en la isla. Entonces ocurrió algo
terrible. Una mañana, regresaba yo de la nave al filo del
mediodía con un paquete de galletas que todavía quedaba,
cuando descubrí que mi amada se había sentado a la puerta de su tienda y estaba comiendo algo.

"–¿Qué es eso, querida? –le grité desde la playa. Pero ella
pareció asustarse al oír mi voz, se volvió y tiró algo con
disimulo al otro lado de la zona arenosa. La cosa no llegó
a salir del claro y yo, acuciado por un vago presentimien-
to, me acerqué y lo recogí del suelo. Era un trozo de aquel
hongo gris.

"Me dirigí hacia ella con el pedazo en la mano y mi
amada se puso muy pálida, y luego se ruborizó. Al ver su
rostro me sentí confuso y aterrado.

"–¡Amor mío! ¡Amor mío! –fueron las únicas palabras
que acerté a pronunciar.

Entonces ella cayó abatida y lloró amargamente. Estuvo un rato sollozando, y cuando logró calmarse me confesó que había probado un poco el día anterior y que… y que le había gustado. Yo le hice jurar de rodillas que no lo volvería a hacer por mucha hambre que pasáramos. Ella me lo juró y me dijo que siempre había sentido una tremenda repugnancia por el hongo, pero que de repente había experimentado un deseo incontenible de probarlo.

"Aquel descubrimiento me había dejado aturdido y por mi cabeza rondaban ideas siniestras, así que, llegada la tarde, decidí dar un paseo por uno de aquellos tortuosos senderos, de superficie blanca y arenosa, que se internaban entre la fungosa vegetación. Ya me había adentrado por uno de ellos en otra ocasión, pero no demasiado. Esta vez, sumido en terribles pensamientos, fui mucho más lejos.

"De repente, un extraño sonido ronco me sacó de mis cavilaciones. Me volví rápidamente y descubrí que entre la maleza que había justo a mi izquierda se movía una masa de forma bastante definida. Oscilaba con movimientos regulares, como dotada de vida propia. Me quedé observándola y de repente caí en la cuenta de que su forma era una grotesca imitación del cuerpo de un ser humano, aunque un tanto deforme. Todavía me encontraba bajo el efecto de la sorpresa, cuando se produjo un ruido sordo, mórbido, como de algo que se desgarra, y me encontré con que una de sus ramificaciones en forma de brazo se separaba del resto del follaje fungoso y avanzaba hacia mí. El bulbo grisáceo que hacía las veces de cabeza se inclinó hacia delante. Me quedé paralizado y estupefacto hasta que aquel brazo infecto me acarició el rostro. Lancé un grito de pavor y me alejé un trecho corriendo. Aquel roce me había dejado un sabor dulzón en los labios. Me relamí y un deseo irrefrenable se apoderó de mí. Me volví a un lado del sendero y arranqué una mata de vegetación fungosa. Luego otra... y otra... Mi apetito era insaciable. Entonces, en pleno festín, mi mente ofuscada se iluminó con el recuerdo de lo ocurrido aquella mañana. Era Dios quien me enviaba aquella advertencia. Asqueado, tiré al suelo el trozo que me estaba comiendo en ese momento. Después, terriblemente avergonzado y con un peso enorme en la conciencia, regresé a nuestro refugio.

"Creo que mi amada adivinó enseguida lo que acababa de ocurrir, gracias a una extraordinaria intuición que era fruto del amor. Su gesto de tierna comprensión me animó a relatarle mi pecado imperdonable. Pero le oculté el siniestro suceso que lo había precedido, para ahorrarle un terror "innecesario".

"Mas yo, interiormente, no podía ignorarlo, y su insoportable recuerdo alimentaba en mi imaginación un horror permanente: para mí era indudable que aquella aparición revelaba el estado al que había quedado reducido uno de los tripulantes del buque fondeado en la bahía, y que nuestro destino se vería abocado al mismo desenlace abominable.

"Desde entonces no volvimos a acercarnos al nefasto alimento, aunque se nos había metido en la sangre un irresistible apetito de él. Pero fue inútil; el terrible castigo crecía ya en nuestros cuerpos, y el avance del hongo infeccioso no se detuvo hasta apoderarse de nosotros. Todo intento por controlarlo resultó infructuoso, y de ese modo... de ese modo... mi prometida y yo, que siempre fuimos dos seres humanos, nos convertimos en... Bueno, qué más da, ya nada importa. Aunque... ¡nosotros éramos un hombre y una mujer!

"Y, cada día que pasa, nuestra batalla por contener el irresistible deseo de ingerir el hongo se hace más aterradora.

"Hace una semana que se nos acabaron las galletas, y sólo he logrado pescar tres peces desde entonces. Esta tarde había salido a mar abierto para ver si encontraba algo de pesca, cuando vi aparecer entre la bruma una goleta, la suya. Les llamé... y ya conocen el resto. Que Dios, en su infinita bondad, les bendiga por la caridad que han demostrado hacia una... hacia una pobre pareja de almas condenadas.

Un remo batió el agua... después otro.

Luego escuchamos aquella voz por última vez, perdiéndose en medio de aquella niebla fúnebre y espectral.

–¡Qué Dios les bendiga! ¡Adiós!

–Adiós –respondimos al unísono con la voz entrecortada y el corazón encogido por una intensa emoción.

Miré hacia el cielo y observé que el alba empezaba a clarear.

Un rayo perdido penetró débilmente en la niebla e iluminó con un tenue reflejo el bote que se alejaba. Distinguí borrosamente algo que se bamboleaba entre los remos. Tenía el aspecto de una esponja, una esponja desproporcionada, grisácea y tambaleante, y traté inútilmente de diferenciar el punto en el que la mano se asía al remo. Mis ojos buscaron otra vez la… cabeza. Se había inclinado hacia delante al tiempo que los remos retrocedían para dar un nuevo impulso a la embarcación. Las palas se hundieron en el agua, el bote desapareció del claro de luz y aquel… aquel ser se desvaneció estremeciéndose en medio de la bruma.

¿FIN?

Portada de una reciente edición de Hippocampus Press de *The Voice in the Night. Best Weird Stories of W. H. Hodgson* (2024), a cargo de S. T. Joshi